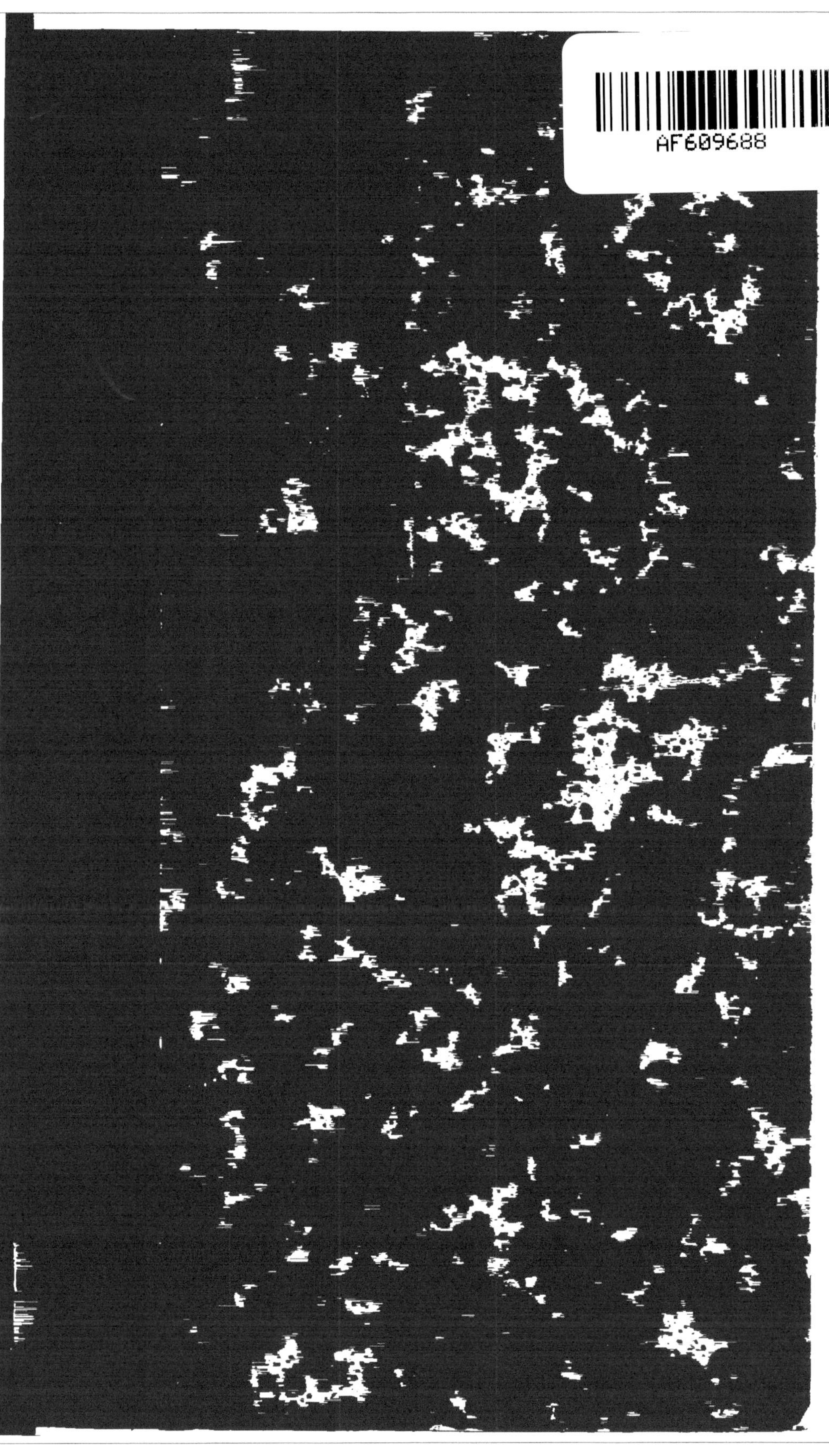

OBSERVATIONS

SUR L'OUVRAGE

DE

Mr. LE COMTE PH. DE SÉGUR,

INTITULÉ : HISTOIRE DE NAPOLÉON ET DE LA GRANDE-ARMÉE PENDANT L'ANNÉE 1812.

PAR

Mr. LE BARON DE VOELDERNDORFF,
MAJOR A L'ÉTAT MAJOR GÉNÉRAL DE S. M. LE ROI DE BAVIÈRE.

MUNIC,

1826.

OBSERVATIONS

SUR L'OUVRAGE

DE M. LE COMTE PH. DE SÉGUR.

Monsieur le comte de Ségur dans son ouvrage sur la campagne de Russie pendant l'année 1812, accusant les troupes bavaroises et leurs chefs, sans rendre la moindre justice à leurs glorieux efforts et à leurs succés, nous avons prevenu le public, par le journal des débats du 15. Mai 1825, que l'histoire des guerres sous le régne du Roi Maximilien Joseph, qui paraîtrait incessament, exposerait la conduite de l'armée bavaroise et de ses chefs pendant la campagne de Russie et qu'elle rectifierait les torts, que monsieur de Ségur leur impute dans son ouvrage.

Mais cet ouvrage ayant été suivi par celui de monsieur le général Gourgaud, nous avons cru devoir mettre sous les yeux du public les pièces authentiques et officielles ci-jointes. Les autres erreurs qui se sont glisées dans l'ouvrage de monsieur le comte de Ségur relativement à l'armée bavaroise, peuvent nous être indifférentes.

Les pièces officielles, ci-jointes, depuis le nº. 8 répondront aux accusations que monsieur de Ségur, page 225 tome 2 de son ouvrage, adresse au général qui commandait alors en chef l'armée bavaroise.

Ces pièces prouveront, que le général en chef dés le moment ou il a pris le commandement du 6ème corps :

1º. a éxactement exécuté les ordres qu'il a reçus ;

2º. qu'il a agi dans tous ses mouvements de concert avec les maréchaux et les généraux français, tant à sa droite, qu'à sa gauche;

3º. que dans ses mouvements il avait en vue le point de Wilna, non pas par une idée à lui, mais parceque cela lui était prescrit et parceque monsieur le Duc de Bassano, muni alors des pleins-pouvoirs extraordinairs de l'Empereur Napoléon, avait insisté à ce qu'il ne quittât pas la route de Wilna ;

4°. qu'il a été toujours en correspondance directe où indirecte avec le grand quartier général impérial.

5°. que tout-ce qu'il a fait, fut approuvé au nom de l'Empereur Napoléon, par le major général.

6°. que sa jonction avec la grande armée sur la Wilia étant faite, il fut chargé de l'árrière-garde jusqu'à Wilna.

Si le général Gourgaud dans son éxamen critique de l'ouvrage de monsieur le comte de Ségur, page 486, se plaît à dire, que le général de Wréde entra chez le maréchal Prince de la Moskowa à Wilna, ayant encore son épée à la main etc. etc., il est à observer, que le général comte de Wréde, dans toutes les campagnes où il a commandé, n'a jamais eu l'usage de tirer lui même l'epée ; donc bien certainement il n'est pas entré l'épée à la main chez le maréchal Ney.

Le fait est, que serré de très-près par des forces ennemies très supérieures, étant arrivé aux portes de Wilna, et ayant appris que le Roi de Naples, le Vice-Roi d'Italie et le major général Prince de Neuchâtel s'y trouvaient encore, il entra chez eux, pour leur rendre compte de l'état des choses. Il les avertit que l'énnemi était aux portes de la ville et qu'il serait bon, qu'ils la quitâssent pour leur personne le plutôt que possible. Ce fut à peu près entre trois et quatre heures de l'après-midi. Le maréchal Prince de la Moskowa se trouva présent dans l'appartement du Roi de Naples. Celui-ci quittant Wilna vers 5 heures du soir, chargea le maréchal Ney et le général comte de Wréde de n'évacuer Wilna que le lendemain au matin et de faire l'árrière-garde de l'armée.

Donc le maréchal Ney et le général comte de Wréde firent l'árrière-garde jusqu'a Kowno sur le Niémen, où tous les deux réunirent de nouveaux cadres.

Monsieur le comte de Ségur, (page 227 tome 2) dit, que le général comte de Wréde avait été dirigé dans sa conduite par un frère au service de l'Autriche, qu'il avait eu des communications avec le général saxon Thielemann, que par paranthése le général comte de Wrédé n'a jamais connu. Ces imputations sont trop absurdes pour mériter une réponse.

Si monsieur le comte de Ségur, en parlant dans son ouvrage de la bataille de Polozk du 18 août, fait peu de cas de la part que l'armée bavaroise y a prise, nous renvoyons pour cela à l'histoire des guerres sous le régne du Roi Maximilien Joseph. Il suffit de dire içi ;

1°. qu'il faut bien que l'armée bavaroise comme toujours, se soit bien battue à cette bataille et à l'affaire du 17, puisqu'elle comptait 1873 hommes de morts et de blessés, parmi lesquels 135 officiers. Pendant qu'on n'évaluait la perte des deux corps réunis qu'a deux mille cinq cents hommes en tout.

2°. l'armée bavaroise doit avoir contribué d'une manière décisive à la victoire du 18 août; ce fut elle qui commenca le combat, qui emporta la clef de la position, le village de Spass, et qui prit 21 pièces de canons à l'énnemi.

3°. Ses généraux doivent y avoir pris une part essentielle, puisqu'un de leurs chefs, l'intrépide et respectable général comte de Deroy, les braves généraux Raglowich et Vincenti y furent grièvement blessés.

4°. Les Bavarois doivent avoir rivalisé avec le deuxième corps en dévouement, parceque d'après le rapport même du maréchal comte Gouvion St. Cyr, ce furent les bavarois qui formaient la droite et le centre des colonnes d'attaques, donc les deux tiers de la ligne de bataille; et que le général comte de Wréde, après que le général de Deroy avait été mortellement blessé, dirigea les efforts de toute la droite, pour soutenir ceux de la gauche et terminer glorieusement la bataille.

Si le comte de Ségur, tome 2, page 217 de son ouvrage, avance, que les bavarois vers le milieu du mois d'octobre étaient réduits à 18cents hommes sous les armes, nous ne disconvenons pas, qu'a la fin de la campagne, le nombre des soldats bavarois présents sous les armes avait considérablement diminué ; par la raison qu'un grand nombre avait été tué ou blessé sur les fréquens champs de batailles et que beaucoup d'autres avaient succombé et succombaient à tout moment aux fatigues et au manque de vivres.

Mais si l'armée française à son passage du Niémen forte de trois cents mille hommes, en repassant cette rivière ne comptait tout au plus 30 mille hommes sous les armes, pourquoi faire un reproche aux Bavarois de ne pas avoir mieux résisté à la rigueur du climat que leurs compagnons d'armes ?

Il nous semble que si les bavarois ont passé la Duna avec les Français, partageant honneur, gloire, malheurs et mort avec eux, faisant l'arrière-garde jusqu'au Niémen, ils ont fait tout ce que l'armée française fit elle même.

Pourquoi donc les historiens de cette campagne cherchent-ils à ternir la réputation d'une armée, qui dans bien des batailles des campagnes des années 1805, 1806, 1807, 1809,

1812 et 1813, a rivalisé avec l'armée française? Voyez les bulletins du grand quartier général impérial.

En mettant ce court exposé et ses pièces justificatives sous les yeux du public, il sera à même de juger les faits avec impartialité.

APPENDICE.

EXTRAIT

du XIVème bulletin de la grande-armée daté de Smolensk le 23. *Août* 1812.

Après le combat de Drissa, le Duc de Reggio, sachant que le général ennemi Wittgenstein s'était renforcé de 12 troisièmes bataillons de la garnison de Dunabourg, et voulant l'attirer à un combat en-deçà du défilé sous Polotsk, vint ranger les 2ème et 6ème corps en bataille sous Polotsk. Le général Wittgenstein le suivit, l'attaqua le 16 et 17 et fut vigoureusement repoussé. La division bavaroise de Wréde, du 6ème corps, s'est distinguée. Au moment où le duc de Reggio faisait ses dispositions pour profiter de la victoire et acculer l'ennemi sur le défilé, il a été frappé à l'épaule par un biscayen. Sa blessure, qui est grave, l'a obligé à se faire transporter à Wilna; mais il ne parait pas qu'elle doive être inquiétante pour les suites.

Le général Comte Gouvion-Saint-Cyr a pris le commandement des 2ème et 6ème corps. Le 17 au soir, l'ennemi s'était retiré au delà du défilé. Le général Verdier a été blessé. Le général Maison a été reconnu général de division, et l'a remplacé dans le commandement de sa division. Notre perte est évaluée á 1000 hommes tués et blessés. La perte des Russes est triple; on leur a fait 500 prisonniers.,,

Le 18, à quatre heures après midi, le général Gouvion-Saint-Cyr, commandant les 2ème et 6ème corps, a débouché sur l'ennemi, en faisant attaquer sa droite par la division bavaroise du comte de Wréde. Le combat s'est engagé sur toute la ligne: l'ennemi a été mis dans une déroute compléte et poursuivi pendant deux lieues, autant que le jour l'a permis. Vingt pièces de canon et mille prisonniers sont restés au pouvoir de l'armée française. Le général bavarois Deroy a été blessé.

RAPPORT

du général Comte St. Cyr au major-général.

Sans date . . . . . .

Monseigneur!

Je pense que M. le Duc de Reggio aura rendu compte à V. A. de la journée du 17, du moins jusqu'au moment où sa blessure l'a forcé de quitter le champ de bataille; le reste de la journée, les troupes ont continué leurs succès, et à neuf heures du soir, les Russes étaient repoussés sur tous les points, après avoir éprouvé les pertes les plus considérables, ayant tenté, dans le cours de la journée, six ou sept attaques qui ont été repoussées avec une bravoure supérieure à l'acharnement qu'ils y ont mis. Cette affaire fait le plus grand honneur à la division Legrand, qui était placée à l'embranchement des routes de Sebej et de Nevel, et au corps bavarois placé sur la rive gauche de la Polota, en arrière du village de Spass, sur le quel l'ennemi s'est acharné pour le reprendre, malgré qu'il en ait été chassé cinq á six fois, et où la 20ème division et le général de Wréde, qui la commande, se sont couverts de gloire. Le général bavarois Vincenti, qui mérite des éloges pour la manière dont il s'est conduit, y a été blessé.

Dans la soirée de cette journée, je sentis la nécessité d'attaquer l'ennemi.

Je fis mes dispositions pour attaquer le 18, à quatre heures après midi. J'ai fait l'impossible pour tromper l'ennemi sur mon dessein; vers les une heure, je fis filer les équipages de l'armée, qui étaient derrière Polotsk, sur la rive gauche de la Dwina et sur la route de Oula; j'eus l'air de faire couvrir et protéger ce mouvement par les troupes que M. le Duc de Reggio avait fait repasser sur la rive gauche. Dans la nuit du 16. au 17., elles se réunirent derrière Polotsk, à la queue des équipages; la division de cuirassiers y arriva de Semenets, la brigade de cavalerie légère du général Castex de Rondina.

A trois heures après midi, la colonne d'équipages avait filé en vue de l'ennemi; et les troupes, ci-dessus désignées, repasserent la Dwina avec la plus grande partie de l'artillerie française, et rentrèrent á Polotsk. Vers les cinq heures environ, toutes les troupes et l'artillerie étaient en position pour déboucher sur l'ennemi, sans qu'il eût rien aperçu de nos préparatifs. A cinq heures précises, toute l'artillerie a commencé son feu, et nos colonnes d'infanterie ont débouché sous sa protection, pour attaquer la gauche et le centre de l'ennemi. La division de Wréde a debouché à droite du village de Spass, et a attaqué avec beaucoup de bravoure et d'intelligence la gauche de l'ennemi; la division du général Deroy a débouché par le village même de Spass; la division Legrand à gauche de ce village, étant liée elle-même par sa gauche à la division Verdier, dont une brigade observait la droite de l'ennemi, qui était placé sur la route de Gehmzeleva. La division Merle couvrait le front de la ville de Polotsk et une partie du revers.

L'ennemi, quoique entièrement surpris, ayant toute confiance dans ses forces et son immense artillerie, composée de 108 pièces, a reçu d'abord nos attaques avec infiniment de calme et de sang-froid; mais enfin, avant la nuit, sa gauche était entièrement forcée, et son centre dans une déroute complète, après avoir défendu leur position avec beaucoup de bravoure et un grand acharnement. Nous aurions pu faire un très grand nombre de prisonniers, si les bois n'eûssent pas été aussi voisins de leur position. L'ennemi nous a abandonné le champ de bataille, couvert d'une immense quantité de ses morts, une vingtaine de pièces de canon et un millier de prisonniers, De notre côté, nous avons eu des tués et des blessés; au nombre de ces derniers se trouvent le général de division Deroy, le général Raglovich, le colonel Colonge, commandant l'artillerie bavaroise.

Je ne puis trop faire l'éloge á V. A. des généraux Legrand et de Wréde, Deroy, Raglovich, et du général d'artillerie Aubry, qui a dirigé l'artillerie du 2ème corps avec une grande distinction,

Le général Merle a repoussé avec beaucoup d'intelligence, et avec une partie de sa division, une attaque que l'ennemi avait faite sur notre gauche pour protéger sa retraite au bois. Les Croates se sont distingués dans cette charge soutenue d'une partie de la cavalerie du général Castex. En général, je réclame la bienveillance de S. M.; les troupes ont mérité des encouragemens et des récompenses. S. M. me ferait grand plaisir, si elle laissait tomber une de ses graces sur M. de Mailli, mon aide-de-camp, porteur de cette lettre, du zèle du quel j'ai beaucoup a me louer. Je n'ai aussi que des èloges à donner aux chefs d'état-major des 2ème et 6ème corps.

J'ai l'honneur d'être avec un profond respect, etc.

Signé: comte Gouvion-Saint Cyr.

RÉSUMÉ

des rapports sur les événements qui se sont passés au corps d'armée bavarois dans les journées des 16, 17, 18 *et* 22 *Août* 1812.

Ce rapport est sous date . . . .

Le 16 Août, les 2ème corps d'armée étaient sous les ordres du maréchal duc de Reggio. Le dernier, formé des troupes bavaroises, sous les ordres du colonel-général des cuirassiers Gouvion-Saint-Cyr, était rassemblé à Polotsk, sur la rive droite de la Duna. Le général de cavalerie comte d'Empire de Wréde, commandant du 2ème corps d'armée bavarois, auquel on avait déjâ donné précédement la brigade française de cavalerie légère de Corbineau, composée des 7ème et 20ème de chasseurs et du 8ème de lanciers polonais, fut chargé de former une chaîne d'avant-postes sur la route qui conduit à Newel et Sebetz. La division Verdier était sur la gauche; en arrière; le 1er corps d'armée bavarois sous les ordres du général d'infanterie Deroy était autour de Polotsk; venaient ensuite la division Legrand, la division de cuirassiers de Demoire et la brigade de cavalerie légère Castek.

À midi, l'avant-garde d'un corps d'armée ennemie, commandée par le prince de Wittgenstein, commença à attaquer les avant-postes sur la route de Newel; mais le général-major comte de Beckers le repoussa vivement; et lorsque vers cinq heures du soir l'ennemi vint en plus grand nombre attaquer la partie de la chaîne d'avant-postes de la division Verdier, il fut également contraint à la retraite. Le 5e, le 11ème de ligne de Kinkel et le 5ème bataillon d'infanterie légère de Buttler, sagement dirigés par le colonel baron d'Habermann, qui les commandait en qualité de brigadier, repoussèrent avec beaucoup de bravoure toutes les attaques de l'ennemi.

D'après les mouvements de l'ennemi et les tentatives réitérées qu'il avait faites pour percer par les routes de Newel et Sebetz, on pouvait conjecturer avec fondement qu'il se proposait sérieusement d'attaquer en forces le corps d'armée placé en avant de Polotsk.

En conséquence, on jugea à propos de concentrer le 2ème corps d'armée français et celui du général d'infanterie au-dedans et autour de Polotsk, sur les deux rives de la Polota, d'occuper et de se maintenir dans le village de Spass, situé sur la rive droite de la Polota, à une demie lieue en avant de la ville, et derrière lequel on avait jeté deux ponts sur cette rivière. On assigna au général de cavalerie comte de Wréde la position le long de la Polota; il occupa Spass avec le 1er bataillon du 2ème régiment de ligne prince héréditaire et la 1re compagnie des arquebusiers du 6ème de ligne Duc Guillaume. Le général-major de Vincenti fut chargé de la défense de ce village.

A huit heures, l'ennemi s'avança en fortes colonnes sur la route de Newel, contre l'aile droite du général de cavalerie comte de Wréde, qui, en conséquence de la direction que l'ennemi prenait, fit avancer aussitôt à la gauche de Spass les batteries Gotthard et Gravenreuth, sur une hauteur où elles étaient avantageusement placées. Il ordonna au colonel de Deroy de couvrir ces batteries avec le 6ème de ligne Duc Guillaume, et d'entretenir la communication avec Spass. Il donna ensuite au général-major Comte de Beckers l'ordre de couvrir le flanc droit avec sa brigade. A peine les troupes et les batteries étaient-elles en marche, que l'ennemi commença l'attaque par un feu d'artillerie et de mousqueterie.

Comme l'importance de l'occupation de Spass ne pouvait échapper au général ennemi, ce fut sur ce point qu'il dirigea ses principales attaques; mais le général de Vincenti et les troupes sous ses ordres les repoussèrent avec la plus grande fermeté. Enfin, après avoir fait venir des renforts, il entreprit d'emporter le village à la baïonette; et, malgré le feu à mitraille des batteries qui étaient sur la gauche de Spass, il réussit à repousser les troupes bavaroises jusqu'à l'eglise et au jardin du château. Alors le 2ème bataillon du 6ème de ligne, Duc Guillaume, se jetta, partie dans la Polota, partie au-delà de cette rivière, et commença un feu très vif de musqueterie. Dans le même temps, le général-major de Vincenti sortit avec impétuosité du jardin du château, la baïonette en avant, et chassa l'ennemi du village, après lui avoir fait essuyer une perte considérable. Cependant l'ennemi continua ses attaques sur Spass et sur toute la ligne, et s'avança sur la route de Sebetz, contre la division française.

L'ennemi tenta une seconde fois d'emporter Spass de vive force; mais il fut repoussé. Le général-major de Vincenti fut blessé dans cette occasion. Le colonel comte Spauer, qui fut renforcé par deux compagnies du 5ème bataillon d'infanterie légère de Buttler, prit alors le commandement, et repoussa avec beaucoup de bravoure un troisième assaut; mais comme les troupes qui occupaient Spass étaient, à la suite d'un combat aussi long et soutenu avec tant de gloire, excedées de fatigue et très affaiblies par les pertes qu'elles avaient faites en tués et en blessés dans les différens assauts, le général de cavalerie, Comte de Wréde, les fit relever par les quatre autres compagnies du bataillon de Buttler et par deux compagnies du 11ème de Kinkel, et chargea le colonel comte de Buttler de la défense du village.

Cependant l'ennemi continua avec opiniâtreté son attaque sur toute la ligne. Le colonel de Deroy, qui avait contre lui toute la ligne de l'ennemi, depuis Spass jusqu'à la pointe du bois, et qui devait couvrir les batteries placées derrière lui, fit, avec le brave régiment qu'il commande, des prodiges de bravoure; mais, comme les forces de sa troupe étaient épuisées, il fut renforcé par un bataillon du 5ème et du 11ème de ligne, et avec ces braves il soutint le combat jusque dans la nuit. Quoique les batteries Gotthard et Gravenreuth, qui étaient bien et promptement servies, enlevassent par leur feu à mitraille des rangs entiers de troupes russes, cependant l'ennemi ne discontinua pas de renouveler sans cesse ses attaques. Enfin, les grenades mirent, à six heures du soir, le feu à la partie avancée du village; ce qui empêcha l'ennemi de poursuivre sa principale attaque sur ce point. Le maréchal Duc de Reggio ayant été alors blessé, le colonel-général comte Gouvion-Saint-Cyr, qui avait précédement été blessé d'un boulet à ricochet, sans cependant avoir quitté le champ de bataille, prit le commandement en chef du 2ème et du 6ème corps.

A l'entrée de la nuit, l'ennemi cessa son feu, et s'occupa d'enlever le grand nombre de ses morts et de ses blessés. Le général, Prince de Wittgenstein, établit son quartier-général à Przesimience, qui n'est qu'à un quart de lieue du village de Spass.

Le 18, à quatre heures du matin, le corps du général d'infanterie Deroy releva celui du général Wréde, qui était très fatigué par les combats des jours précédens. L'ennemi se tint tranquille pendant le matin; mais le général comte de Saint-Cyr, convaincu que l'ennemi renouvellerait bientôt ses attaques, resolut de l'attaquer à quatre heures après-midi, et fit ses dispositions en conséquence. L'ennemi avait rassemblé ses forces dans la nuit du 17 au 18, et il avait augmenté le nombre de ses canons jusqu'à cent. Le 18, entre trois et quatre heures, une batterie de 31 canons bavarois fut établie sur une hauteur près du village de Spass, et une piece de 12 devait donner le signal de l'attaque. Lorsqu'il fut donné, cette batterie foudroya à coups de mitraille les rangs ennemis; des boulets tombèrent sur le château de Przesiemience, où était le quartier-général du Prince de Wittgenstein. Après que l'avant-garde ennemie fut chassée, l'artillerie russe, postée sur les hauteurs de Przesiemience, commença à jouer. Alors les 3ème et 7ème régiments d'infanterie de ligne bavaroise, commandés par le général-major comte Beckers, fondirent sur l'ennemi avec la baïonnette. Le bataillon la Roche prit le village Hamernia, situé à un quart de lieue de Spass, pour menacer l'aile gauche de l'ennemi. Le combat devint général: le général Raglovich fut blessé grièvement, et le colonel de Zollern le remplaça dans le commandement de sa brigade. Le général Deroy, après avoir commandé à plusieurs bataillons d'attaquer l'ennemi à la baïonnette, fut blessé dans le bas-ventre par une balle de fusil; on l'emmena du champ de bataille. Le feu devint de plus en plus vif, et très meurtrier des deux cotés. Le général comte de Wréde prit le commandement de toutes les troupes bavaroises: il envoya la brigade commandée par le général de Siebein pour soutenir la division du général Legrand. Le général Siebein et le colonel de Zollern combattirent avec la plus grande bravoure. Le 9ème régiment d'infanterie de ligne bavaroise attaqua, par ordre du général Comte Saint-Cyr, le château de Przesimience, défendu par de l'infanterie et de l'artillerie, l'ennemi en fut chassé; l'armée russe commença à se retirer vers huit heures du soir, et la victoire était complète. Vingt et un canons, beaucoup de voitures, de bagages et de munitions, et 1,500 prisonniers tombèrent en notre pouvoir; 4,000 blessés et morts restèrent sur le champ de bataille; mais les jours suivans on a ramené des forêts voisines tant de blessés et de prisonniers, que l'on peut estimer la perte des ennemis dans les journées du 17 et du 18 à 9,000 hommes.

EXTRAIT

du XVème bulletin de la grande-armée daté du 27 Août 1812.

La déroute de l'ennemi a été complète au combat de Polotsk, du 18. Le brave général bavarois Deroy a été blessé sur le champ d'honneur, agé de soixante-douze ans, et ayant près de soixante ans de service: S. M. l'a nommé Comte de l'Empire, avec une dotation de 30,000 fr. de revenu. Le corps bavarois s'étant comporté avec beaucoup de bravoure, S. M. a accordé des récompenses et des décorations à ce corps d'armée.

DECRÉT.

rendu par l'Empereur Napoléon, daté du 27 Août 1812 *au quartier-général-imperial de Zaskow.*

Napoléon, Empereur des français, Roi d'Italie, etc. etc.

Nous avons décrété et décretons ce qui suit:

1. Les officiers, sous-officiers et soldats de l'armée bavaroise, amputés par suite de blessures reçues dans les journées des 17 et 18 Août 1812, aux combats qui ont eu lieu dans les environs de Polotsk, sont assimilés pour la pension aux officiers, sous-officiers et soldats amputés de l'armée française.

Les veuves des militaires de l'armée bavaroise, tués sur le champ de bataille dans les mêmes affaires, sont pareillement assimilées aux veuves des militaires français morts sur le champ de bataille.

2. Nos ministres de la guerre et du trésor impérial sont chargés de l'exécution du présent décret.

ORDRES

du jour du général comte de Wréde, datés du 18 et du 19 Août 1812.

Les régiments, bataillons, batteries et détachements, qui ont pris part aux combats d'hier et d'avant-hier, ont combattu avec tant de bravoure et de fermeté, et ont tellement établi de nouveau l'honneur des armes bavaroises, en repoussant les attaques réitérées d'un ennemi supérieur en nombre, qu'il est un devoir bien agréable pour moi de témoigner mon entière satisfaction à M. M. les généraux, officiers de l'état-major, officiers supérieurs, sous-officiers et soldats en général, et principalement à M. M. le général-major de Vincenti, le général-major Comte Becker, le colonel Comte Spauer, le Baron Habermann, de Deroy, le lieutenant-colonel Comte Buttler, de Mann, de Bach, et les commandans des batteries, capitaine Gotthard et baron de Gravenreuth.

Je me ferai un plaisir de rendre compte au roi des exploits de tous ces braves. Les régiments et les bataillons doivent en conséquence me donner un état de leur perte totale en morts et en blessés, et me désigner les braves, qui ont mérité une récompense ou un éloge particulier.

Je me trouve également dans le cas de témoigner toute ma satisfaction aux médecins et chirurgiens, qui non seulement ont mis le plus grand zêle et la plus grande activité à secourir les blessés, mais qui même se sont exposés à des dangers personnels.

Le commandant-général,

Wréde.

La journée d'hier qui dans les fastes de l'histoire de la guerre marquera honorablement pour l'armée bavaroise, mais dans laquelle malheureusement le 1er corps d'armée a perdu pour long-temps son brave et digne chef, me met dans le cas de prendre, conformément aux intentions de M. le général en chef, le commandement de la 19ème et de la 20ème division.

Soldats de la 19ème division! avec la meilleure volonté et les plus grands efforts, j'aurais peine à être ce qu'était pour vous votre général d'infanterie, de Deroy, qui est grièvement blessé. Il était votre général, votre père: il vivait avec vous comme avec sa famille. Je m'efforcerai d'être de même avec vous, et quelque difficile que cela soit, de suivre l'exemple de ce brave général. Donnez moi votre confiance; vous avez la mienne: je partagerai avec vous les dangers et les fatigues de la guerre, comme avec les troupes que j'ai eu jusqu'ici l'honneur de commander.

Le commandant-général

Wréde.

Dans un 3ème ordre du jour, publié le 24 au quartier-général de Polotsk, le général Wréde annonce aux troupes que le général d'infanterie Deroy est mort de ses blessures le 23, et le général-major Siebein dans la matinée du 24.

L'Empéreur Napoléon au général Comte de Deroy.

Monsieur le général de division Comte Deroy, je vous fais cette lettre pour vous témoigner toute ma satisfaction de la belle conduite que vous avez tenue au combat de Polotzk et le regret que j'ai de vous savoir blessé. Je veux moi même vous apprendre que je vous ai nommé comte de l'empire et vous ai accordé une dotation de trente mille francs transmisible à vos enfans: et voulant vous rassurer sur le sort de votre famille, je vous fais passer un brevet de six mille francs de pension pour la Comtesse Deroy. Cette lettre n'étant à autre fin, je prie Dieu qu'il vous ait, Monsieur le général Comte Deroy, en sa sainte garde.

Ecrite à Slavkowo le 27 Août 1812.

signé: Napoléon.

Le général comte de Wréde à son altesse serenissime le Prince de Neufchatel et Wagram, Vicè-Connétable et major-général de la grande armée.

Daniélowitsche le 30 Octobre 1812.

Monseigneur!

Monsieur le maréchal comte de St. Cyr ne pouvant pas vaquer aux soins du commandement actif du 2ème et 6ème corps, et m'ayant remis, en date du 23 de ce mois-ci, le commandement en chéf du 6ème corps jusqu'au rétablissement de sa santé, il est de mon devoir de rendre compte à votre Altesse Serénissime des mouvemens que le corps a faits depuis cet époque.

Pour être plus clair dans mon rapport, je dois revenir jusqu'au 18. Votre Altesse Sérénissime saura ce qui s'est passé jusqu'à cette époque en avant de Polotsk; et j'ai lieu de croire qu'elle sera satisfaite, d'après les rapports qui doivent lui être parvenus, sur la conduite que les cadres du 6ème corps ont tenue jusqu'à l'évacuation de Polotsk.

Le 19. vers le soir, le corps du général Stengel, qui avait passé la Duna près de Drouia, et la Disna près de la ville du même nom, et l'Uschaz près de Bononia, a gagné tant de terrain dans le défilé, qui conduit de Bononia au petit Polotsk, qu'il était à quatre heures du soir sur le point de déboucher sur les derrières des 2ème et

6ème corps et d'attaquer les deux corps et la ville sur ses derrières.

Monsieur le Maréchal Comte de St. Cyr, ayant appris cette nouvelle fâcheuse, fit réunir quelques troupes du 2ème corps pour les porter vers les débouchés que l'ennemi allait gagner; il me fit appeller de la redoute Nro. 2, en avant de Polotsk, et m'engagea de prendre le commandement des troupes du 2ème corps, qu'il avait réuni à la hâte au point ci-dessus mentionné. J'arrivai lorsque l'ennemi gagnait la lisière du bois à une bonne-portée de canon du petit Polotsk; je me suis mis de suite à la tête du 2ème bataillon du 19ème régiment de ligne, qui se trouvait le plus à portée, je fis attaquer l'ennemi à la baïonette, et j'eus le bonheur de le rejetter, à la nuit tombante, à une demie lieue dans le défilé.

Cela étant fait, Monsieur le Maréchal de St. Cyr à bien voulu mettre le 19ème régiment de ligne
le 37ème » »
le 124ème » »
un détachement du 11ème léger
le 2ème des suisses
le 7ème des cuirassieurs,
ainsi que la 6ème brigade de cavalerie légère, et une demie batterie d'artillerie à cheval sous mes ordres, pour qu'avec ces troupes et douze pièces de mon artillerie légère, une batterie de 12 et les cadres de la 3ème brigade de la 2ème division du 6ème corps, j'attaquasse l'ennemi, qui marchait avec la 1ère, 2ème, 6ème et 21ème division russes contre moi. J'ai divisé mon corps en 3 colonnes, savoir :

Celle du centre à la tête de laquelle je marchai, fut composée :

du 19ème de ligne } sous les ordres du
du 37ème » } général Grundler,
9 pièces de mon artillerie légère,
6 - de 12
6 escadrons de la brigade Corbineau et du 7ème regiment des cuirassiers sous les ordres du général l'Héritier.

La colonne de gauche, commandée par le général Amey, fut composée:

du 2ème des suisses,
du 124ème de ligne,
d'un détachement du 11° léger,
d'une demi batterie d'artillerie à cheval française et
de 3 escadrons de la brigade Corbineau.

La colonne de droite, commandée par le général baron de Stroehl du 6ème corps, fut composée des cadres de sa brigade, de 3 pieces d'artillerie légère, et de 30 chevauxlegers. — Cette colonne avait l'ordre de longer la Duna, jusqu'à l'embouchure de l'Uschaz, tandis qu'avec la colonne du centre je tâchais de jetter l'ennemi hors du défilé de Polotsk à Bononia et de le repousser sur la rive gauche de l'Uschaz. Le général Amey avait l'ordre de marcher sur Rudnia, apprennant mon attaque; de longer la rive gauche de l'Uschaz et de tomber sur le flanc droit de l'ennemi. Ces dispositions faites, et les troupes placées en colonnes avant 3 heures du matin, l'ennemi m'attaqua à 4 heures precises. Comme j'avais donné l'ordre de ne pas tirer, et de marcher au pas de charge sur l'ennemi, sa colonne fut attaquée avec la baïonette, et au bout de deux heures je fus maître du grand défilé, qui a deux lieues et demie de long, et jài pris deux colonels, 1 major, un grand nombre d'officiers et 1800 hommes ; enfin toute l'avant-garde de l'ennemi fut détruite ou mise en déroute jusqu'au débouché, où quelques pelotons du 7ème et 20ème de chasseurs chargèrent sur le reste des fuyards.

Entre la chapelle de Bononia et le défilé, l'ennemi se présenta avec toute sa cavalerie, et tira assez mal quelques coups de canon sur le debouché. A peine qu'une batterie de mon artillerie fut arrivée, qu'il fut débusqué de sa position et qu'il s'empressa de gagner la rive gauche de l'Uschaz. Toute ma colonne du centre déploya alors et avança vers la chapelle. L'ennemi de l'autre côté de l'Uschaz, dans une position extrêmement avantageuse, avait placé douze piéces de canon et un corps d'environ 8000 hommes d'infanterie et de cavalerie. J'ai placé mon artillerie sur le plateau de la chapelle; l'ennemi commença à faire jouer la sienne.

Au bout d'une demie heure, l'artillerie de l'ennemi fut contrainte de se taire et de s'éloigner. Si dans ce moment le général Amey avait exécuté le mouvement, que je lui avais prescrit, il aurait infailliblement pris toutes les pièces de l'ennemi ; et, peut-être, ces 7 à 8000 hommes qu'il m'avait présentés, aprés la défaite de son avant-garde, auraient été anéantis. Enfin ne voyant point arriver le général Amèy, je me suis décidé à forcer le passage de l'Uschatz: avec ma colonne du centre, je suis descendu dans le ravin et j'ai passé la rivière à gué. L'ennemi abandonna sa position à la hâte, laissant plusieurs caissons sur le champ de bataille, et se retira sur la route de Disna. Je l'ai poursuivi jusqu'à Benkowitz. La, ne voyant point arriver la colonne du général Amey, (et qui ne me joignit qu'après un second ordre, que je lui ai envoyé à trois heures après midi) j'ai dû faire halte, me proposant de réunir le soir mes trois colonnes, et de poursuivre le lendemain l'ennemi jusqu'à Disna. Vers le soir Monsieur le Maréchal Comte de St. Cyr m'écrivit, que l'ennemi, faisant des démonstrations à Polotsk pour forcer le passage sur la rive gauche, il m'ordonnait de revenir avec les troupes françaises vers Polotsk, de reprendre le commandement de mes divisions bavaroises, et de me porter avec elles, ainsi que la brigade de Corbineau et du 7ème régiment de cuirassiers, sur Rudnia, et d'y prendre position. — Lorsque j'eus éxécuté ces ordres, j'appris que malheureusement l'ennemi avait, et je ne sais par quel hazard, forcé en plein jour le passage de la Duna, vis-à-vis de Polotsk, et jetté un pont. —

Avant de continuer mon rapport, il est de mon devoir de faire connaître à V. A. S. la bravoure qu'ont montrée dans la journée du 20, le général de brigade Grundler, le major Trupel commandant le 19ème de ligne, le capitaine de grenadiers Hullier du même régiment, le lieutenant Paul Dessale du même régiment, le lieutenant Monchorto du 37ème, le major Fortier commandant le 37ème de ligne. — Bien particulièrement s'est distingué le capitaine Melin, adjudant major du 37ème; je ne peux assez parler de la bravoure de cet officier et de l'empressement qu'il a montré pour porter mes ordres et pour animer les troupes; je supplie V. A. S. de demander à Sa Majesté l'Empereur et Roi la croix d'officier pour ce brave officier, qui est déjà chevalier de la légion. — Pour le lieutenant Paul Dessale: je demande le décoration de la légion; pour tous les autres, ci dessus nommés, je supplie V. A. S. de les recommander à la munificence de Sa Majesté l'Empereur et Roi. —

Quant à la cavalerie, ce jour là, se sont distingués: le général de brigade Baron Corbineau, les colonels Lubienski du 8ème de lanciers, St. Germain du 7ème de chasseurs, Lagrange du 20ème de chasseurs et Monsieur le Sergeant, aide de camp du général Corbineau. —

De mon artillerie: s'est particulièrement distingué, le directeur de mon artillerie, le lieutenant-colonel de Zoller, qui est membre de la légion d'honneur, et pour lequel j'ose demander la croix d'officier; également se sont distingués, le lieutenant Klein et le corporal Koch, pour lesquels je demande la décoration de la légion. — Tous mes aides de camp et officiers d'ordonance se sont également distingués. Le lieutenant baron d'Imhof, de ma suite, a été tué. —

Je dois revenir sur la continuation de mes mouvemens; ayant reçu le 21 au soir dans la position de Rudnia la nouvelle officielle, que l'ennemi, contre toute attente, avait forcé le passage de la Duna près de Polotsk, j'ai dû regarder l'ordre de tenir la position à Rudnia comme non avenu, et j'ai cru nécessaire et urgent de prendre sur ma responsabilité de repasser dans la même nuit l'Uschaz pour me porter par Weteren sur Arékowka, afin d'empêcher la réunion du corps du général Stengel avec celui du général Comte de Witgenstein.

L'ennemi avait déjà occupé Weteren et y fut débusqué par un détachement de mon infanterie, et par le 7ème régiment de cuirassiers, qui, à minuit, chargea sur les cosaques. —

Au point du jour (22 Octobre) j'ai pris position à Arékowka, en couvrant la route de Wilna et j'ai rendu compte à Mr. le Maréchal Comte de St. Cyr du mouvement que j'avais fait, c'est ce qu'il approuva très-fort.

À quatre heures après midi le même jour, l'ennemi attaqua ma ligne d'avant-postes, et il fut repoussé. J'ai eu à me louer extrêmement de la conduite de la brigade du général Corbineau.

Comme j'ai appris que l'ennemi reportait toutes ses forces contre moi, j'ai pris le 23 position à Babinitschi, liant ma droite avec le 2ème corps.

Ce même jour j'ai reçu l'ordre, dont je joins copie ici à V. A. S.; comme d'après ces dispositions, j'ai dû croire que la gauche du 2ème corps correspondrait avec moi par la ville d'Uschatz; et qu'au moins dans aucun cas on n'abandonnerait la position indiquée par l'ordre ci mentionné, sans m'en prevenir, j'ai pris le 24 au matin la position indiquée entre Babinitschi et Koublitschi. (Voyez No. 9.)

Comme les chevaux de ma batterie de 12, que j'avais avec moi, étaient dans un état à ne pouvoir aller plus long temps, je me suis décidé à la renvoyer par Uschatz, ainsi que la caisse du 6ème corps dans laquelle, depuis plus de six semaines où les régiments du 6ème corps ne formaient plus que des compagnies, les drapeaux furent empaquetés au nombre de 22, ainsi qu'une partie des équipages de l'état-major, pour joindre le reste de mon artillerie; dont, vu le peu d'infanterie qui me restait, cinq batteries me devenaient inutiles et qui depuis le

19 avaient suivi le mouvement du grand parc du 2ème corps. Cette batterie de 12, la caisse et les bagages, arrivés à Uschatz, trouvèrent le pont rompu, ne pouvant déterminer personne à le faire rétablir pour leur passage. Déjà l'ennemi avait attaqué à 8 heures du matin mon avant-garde sur la hauteur de Babinitschi, et ayant déployé des forces supérieures en cavalerie et artillerie, il la força de se replier peu à peu sur mon infanterie.

Le brave colonel St. Germain du 7ème de chasseurs à fait une très belle charge dans laquelle il prit à l'ennemi une pièce et trois caissons, mais celui-ci ayant réuni des forces supérieures il fut obligé de les abandonner et fut griévement blessé. L'ennemi m'attaqua le soir dans la position de Koublitschi, mais il fut repoussé par le feu de mon artillerie.

Je me suis maintenu dans ma position, jusqu'à onze heures du soir, mais ayant appris l'événement fâcheux de l'évacuation d'Uschatz et de la rupture du pont sans m'en prévenir et que par ce malheureux événement, la batterie de 12, la caisse et les bagages, qui avaient filé par Uschatz ne pouvant plus repasser l'eau, etoient tombés au pouvoir de l'ennemi, j'ai nécessairement dû me retirer dans la nuit, parcéque le lendemain j'aurais été entamé par toutes les forces de l'ennemi.

Si penible et fâcheux qu'il fut pour moi d'apprendre que l'ennemi s'était emparé de la batterie de 12, de la caisse et des bagages, autant je crois qu'il ne pourra pas se vanter de cette prise, parceque cela n'est point arrivé les armes à la main, et cela n'aurait jamais eu lieu, si on m'avait prévenu qu'on voulait abandonner Uschatz. Il me reste à dire à

V. A. S., que le brave capitaine Weishaupt, qui commandait cette batterie de 12, ne s'est rendu à l'ennemi que le lendemain à deux heures après midi, après avoir épuisé toutes ses munitions contre les troupes qui le cernaient.

La nuit à onze heures du 24 au 25, je me suis retiré par Zwonia, où j'ai passé l'Uschatz sur la route de Lepel, où près de Woron j'ai trouvé le général Maison avec sa division, et celle de cuirassiers.

J'ai appris par le général Maison, qu'une lettre de Mr. le Maréchal Comte de St. Cyr m'avait été expédiée le 24 à trois heures après midi, pour m'engager de rester avec les cadres du 6ème corps et la brigade de Corbineau sur la route de Wilna. Cet ordre ne m'étant pas parvenu, il parait que l'officier porteur fut pris. Si cet ordre fut arrivé 24 heures plutôt, bien de choses ne seraient point arrivées.

Aussitôt que le général Maison m'en eut donné connaissance, j'ai continué ma marche de Woron sur Pouichna, oû j'ai couché. Le 26 au point du jour je suis parti de Pouichna par Mal Doltsoui, éspérant de pouvoir coucher le même soir à Sloboda, et arriver le 27 à Ghloubokoe; si dangereuse que pouvait être cette marche, pendant laquelle je devais toujours présenter mon flanc droit à l'ennemi, je l'ai crue indispensable pour arriver à temps sur la route de Wilna.

Avant de partir de Pouichna j'avais prévenu monsieur le général Vivier, commandant de Ghloubokoe de ma marche, et de mon arrivée; ayant trouvé dans ma marche du 26 de tels marais sur ma droite, que je fus forcé de descendre le 27 jusqu'à

Dockchitsoui. J'ai éxpédié un second courier au général Vivier, pour le prévenir, que je ne pourrais arriver que le 28 à Ghloubokoe, espérant qu'il pourrait se maintenir dans sa position jusqu'à mon arrivée; quoique mes couriers lui sont arrivés à temps, il a cru à propos de brûler le magasin, de jetter son artillerie dans l'eau, et abandonner Ghloubokoe, m'écrivant qu'il croyait ne pouvoir y tenir. Cette nouvelle inattendue m'a engagé de marcher le 28 de Dockchitsoui à Boïare où j'ai couché, et je suis arrivé hier à 11 heures du matin ici, où j'ai trouvé une grande partie de mon grand parc d'artillerie, et quelques détachements, que, lors mon passage à Ghloubokoe, j'avais dû laisser par ordre de V. A. S. à la disposition du commandant de Ghloubokoe. Je m'occupe aujourd'hui à incorporer ces détachements dans leurs régiments respectifs, et non-obstant cela, y compris la brigade de cavalerie Corbineau, je ne compte pas 4000 hommes de combattans; dans deux jours je compte adresser un état éxact de situation à V. A. S. Selon les nouvelles que me rapporteront aujourd'hui mes reconnaissances, que j'ai envoyé en avant, et les éspions que j'ai dirigé sur tous les points, je marcherai demain où après demain en avant pour empêcher que l'ennemi ne s'empare des canons, que le général Vivier a fait jetter à l'eau à Ghloubokoe, et pour peu de renforts que Son Excellence Mr. le Duc de Bassano ou Mr. le gouverneur de Lithuanie général comte de Hoggendrop m'enverront je pourrai reprendre l'offensive.

J'ai fait une grande perte à Plissa, où j'avais réuni toutes les armes des soldats morts; par le manque de chevaux, les fourgons sur lesquels ils furent chargés (au nombre de 51) ne pûrent être emmenés, et ils furent brûlés. En général S. M. le Roi, mon maître, a fait, de très grandes pertes dans les derniers 8 jours. Je supplie votre altesse sérénissime d'en donner connaissance à Sa Majesté l'Empereur et Roi.

Il me reste à joindre copie du mémoire de proposition pour la croix de la légion d'honneur que m'a présenté le général baron de Corbineau et de supplier V. A. S. de le mettre sous les yeux de Sa Majesté l'Empereur et Roi. Je suis convaincu que toute cette brigade brûle de zêle de mériter la satisfaction de Sa Majesté.

Le général de brigade baron l'Heritier,
le colonel du 7ème de cuirassier baron Dubois.
le général de brigade baron de Corbineau,
le colonel du 8ème de lanciers Lubienski,
le colonel du 7ème de chasseurs St. Germain,
le colonel du 20ème de chasseurs Lagrange,
le général Grundler,
le major Trupel commandant le 19ème de ligne
et le capitaine Melin, adjutant-major du 37ème de ligne

ayant rendu des services pour les interêts et la gloire de l'armée bavaroise, je sollicite l'approbation de S. M. l'Empereur et Roi, pour demander auprès de S. M. le Roi, mon souverain, la décoration de l'ordre militaire de Max-Joseph pour eux.

Je suis avec un profond respect

signé: Wréde,
général de cavalerie.

Postscriptum.

Daniélowitsche le 31 Octobre 1812.

Je viens de recevoir le rapport, par mes reconnaissances que j'ai envoyé hier à Ghlubokoe, et qui furent jusque dans la ville: que l'ennemi n'y est pas, que la nuit du 28 au 29, 8 cosaques sont arrivés, annonçant pour le lendemain l'arrivée de l'armée et en sont repartis après avoir bû et mangé. Toutes mes nouvelles parlent que le général Stengel a retiré le gros de son infanterie vers Disna, que la ligne de ses avant-postes s'étend de Charkouchtizna par Louijki, Selichtsche à l'Uschatz. Comme j'ai reçu hier des nouvelles positives que l'ennemi n'a pas même poussé sur la route de Drouia à Vidzoui plus loin que jusqu'à Opsa, et que le général baron Coutard occupe toujours la ville de Vidzoui, je marche demain sur Ghloubokoe pour m'assurer du parc que le général Vivier à jetté dans l'eau. — Je préviens de mon mouvement son Excellence Mr. le Duc de Bassano; s'il peut m'envoyer des renforts, je ne tarderai pas de me porter plus en avant, je préviens également de mon mouvement Son Excellence Mr. le maréchal Duc de Reggio, qui, d'après une dépêche que j'ai reçue hier de Son Excellence Mr. le Duc de Bassano, a repris le commandement du 2ème corps.

Votre Altesse recevra ce rapport présent par Mr. le chéf d'escadron, Prince de Salm, du 8ème de lanciers, qui sert avec autant de zêle que de bravoure. Je le recommande à la protection de votre Altesse serénissime

signé: Wréde,
général de cavalerie.

Le chef de l'état-major le général Laurencez au général de Wréde.

Paulé le 23 Octobre 1812.

Mon général!

Mr. le Maréchal me charge d'avoir l'honneur d'informer votre Excellence que l'armée prend aujourd'hui position ainsi qu'il suit:

Les cuirassiers à Ghoroui, la cavalerie légère à Janovo, Berézowa. Deux divisions d'infanterie à Oziekova, une autre division à Tschervetia.

Dans cette position Mr. le Maréchal désire que vous fassiez prendre aujourd'hui au 6ème corps position derrière le ruisseau qui passe entre Selichtché et Zarietché, laissant une avantgarde à Babinovitschi et tenant des partis vers Koubloutschi afin d'éclairer les routes de Disna et de Wilna.

Mr. le Maréchal vous prie de lui donner souvent de vos nouvelles, il prendra aujourd'hui son quartier-général à Kamen.

J'ai l'honneur Monsieur le Comte, de vous renouveller l'hommage de la plus haute considération.

Le gènéral chef de l'état-major

signé: Baron de Laurencez.

P. S. Mr. le Maréchal né pouvant pas vaquer aux soins du commandement actif, l'a remis à Mr. le général Legrand ; j'avais eu l'honneur de vous en prévenir, mais il parait que cette dépêche ne vous est point parvenue. Mr. le Maréchal vous prie de vous mettre en rapport avec ce général pour tout ce qui pourra intéresser le service, et de renvoyer demain le 7ème de cuirassiers à sa division.

Le général Comte de Wréde à son Excellence Monsieur le Duc de Bassano, ministre des relations exterieures.

Woren le 25 October 1812.

Autant que j'ai eu lieu d'être content de la journée d'hier sous le rapport de l'affaire que j'avais avec l'ennemi, qui quoique m'ayant attaqué avec des forces supérieures n'a pû réussir à me chasser de ma position de Kublice, laquelle j'avais prise à la suite des ordres de Mr. le Maréchal Comte Gouvion St. Cyr par une disposition d'avant-hier, et où même le 7ème de chasseurs avait pris des canons à l'ennemi, qui cependant bientôt après furent repris, après que le brave colonel St. Germain avait été grièvement blessé; autant je suis peiné par d'autres évènements fâcheux, qui me sont arrivés. Une batterie de 12, que je voulais faire filer vers le grand parc, se porta sur la route d'Uschaz. Elle traînait à sa suite la caisse du 6ème corps et tous les drapeaux empaquetés depuis 6 semaines dans un fourgon, vu la faiblesse de mes régiments reduits à des compagnies. Tout ce train fut pris par l'ennemi entre Uschatz et Szedlice, parceque personne ne m'avait prévenu que tout le 2ème corps avait répassé la rivière de l'Uschatz, et parcequ'on avait négligé d'entretenir des communications avec moi à l'aide des patrouilles. Enfin la chose, assez fâcheuse en elle même, est faite, et il faut s'en consoler le mieux qu'on peut. Mais ce qui est encore plus désagréable c'est, qu'un ordre de Mr. le Maréchal St. Cyr, éxpedié hier à 3 heures après midi, d'après lequel je devais me porter sur la route de Wilna, ne m'est pas arrivé, et que conformément aux dispositions de Mr. le maréchal en dâte d'avant-hier, je n'ai pas dû m'éloigner du 2ème corps. Enfin l'ennemi, (le même qui, il y a trois jours, s'était retiré au delà de la Disna) l'a repassé avant-hier après midi avec 25,000 hommes, est arrivé hier dans la nuit à Arekhovka, a dirigé toutes ses forces sur moi; c'est ce qui m'a engagé de repassér pendant la nuit derrière l'Uschatz à Zwonia, d'où je me suis dirigé ici, y rencontrant le général Maison avec une division d'infanterie et les cuirassiers du 2ème corps.

C'est à mon arrivée ici que j'apprends verbalement de ce général que l'ordre m'avait été expedié hier, de me porter sur la route de Wilna. —

Je ferai mon possible pour la regagner, aussi difficile que cela sera, parceque l'ennemi gagnera des marches sur moi, et que toute mon infanterie, que ma cavalerie, ainsi que les chevaux de l'artillerie sont éreintés, et que ce n'est que notre bonne volonté et notre zêle qui pourront un peu accellérer la marche. Je compte de passer par Puichna, Berezino, Dockschui, pour arriver de là, s'il est possible, avant l'ennemi à Daniéłowitsche. J'espère que les détachements, que j'ai à Plissa et à Ghloubokoe se replieront à temps, et qu'ils pourront me joindre à Daniélowitsche; mais tout cela ne forme que des forces peu considérables, et l'ennemi de son côté, d'après ce que les prisonniers de la journée d'hier me disent, marche avec la 1ère, 2de, 6ème et 21ème division sur la route de Wilna.

Aussi peu que je crois, que l'ennemi risquera de s'éloigner de la ligne d'opération qui est la Duna, pour tenter une invasion à Wilna, autant j'espère de pouvoir encore arriver à temps pour lui mettre des obstacles, autant il est nécessaire qu'on réunisse toutes les forces possibles pour s'opposer au plan, qu'il paraît avoir formé. Le 2éme corps d'armée est très faible, le mien l'est encore davantage. Je prie donc votre Excellence de vouloir me faire connaître par le porteur de celle ci, quelles peuvent être les forces qui pourraient m'arriver de Wilna, et à quelle époque?

J'ai l'honneur d'être, avec la considération la plus distinguée

signé: le général

Comte de Wréde.

Puichna le 26 à 4 heures du matin.

Etant arrivé hier au soir ici, et ayant envoyé un de mes aides de camp à Monsieur le Maréchal pour lui annoncer que l'officier, qui me doit avoir été expedié avant-hier, avec l'ordre de me porter sur la route de Wilna, ne m'est pas arrivé, et que je compte de la gagner encore d'ici; il me fit écrire par Monsieur le chef d'état-major d'Albignac une lettre qui ne prononce aucun ordre positif pour y aller, et qui me propose plustôt de me mettre en seconde ligne en arrière du 2ème corps, afin de pouvoir me reposer. Comme dans ce moment si urgent, on ne peut pas balancer, je suis bien décidé, aussi peu de monde que j'ai avec moi, de gagner la route de Wilna; je vous joins copie de la réponse, que je viens d'écrire à Monsieur le Maréchal. Si, comme j'espère, je gagne demain 27 cette route, soit à Ghloubokoe, soit en arrière, j'éxpédierai sur le champ un courier à votre Excellence. En attendant, je la prie de vouloir informer S. A. S. le major-général, du mouvement que je vais faire. Comme Mr. le Maréchal m'a remis le commandement du 6éme corps, jusqu'à ce que sa santé lui permettra de reprendre le service actif, je ferai moi même un rapport detaillé au Prince major-gènéral aussitôt que je me serai établi sur la grande route de Wilna.

signé: Wréde.

Le général Comte Wréde, à son Excellence Monsieur le Maréchal Comte St. Cyr.

Puichna le 26 d'Octobre 1812.

Monsieur le Maréchal!

Je viens de recevoir une lettre de Monsieur le chéf d'état-major d'Albignac qui ne me dit ni oui ni non: si je dois continuer mon mouvement pour regagner la route de Wilna. Votre Excellence sait qu'en me tenant dans les mouvements précédents scrupuleusement aux ordres que j'ai reçus, et me liant toujours à la gauche du 2ème corps, j'ai abandonné la route de Wilna, en exposant et sacrifiant mes dépots, mon parc de réserve et mes convois d'argent, qui se trouvent sur cette route; pour me récompenser du mouvement que j'ai fait conformément aux ordres d'avanthier, au lieu de communiquer avec moi par Uschatz dans la position de Kublycze et de Babinitschi, qui m'était indiquée, par des patrouilles, on a même rompu le pont d'Uschatz, par lequel ma batterie de 12, que je voulais faire rejoindre le grand parc, devait passer, et cette batterie ainsi que la caisse militaire, tous les drapeaux des régiments qui se trouvaient empaquetés, et une grande partie des équipages de mon état major-général furent pris. — Le soir à 5 heures, Uschatz fut évacué, sans me prévenir, tandis que je restai jusqu'à 11 heures du soir dans la position de Kublycze, m'étant défendu toute la journée contre un ennemi qui dirigait toutes ses forces contre moi. Il est vrai que je n'ai plus qu'une poignée de monde, mais elle est prête à mourir pour défendre la route de Wilna, et les dépôts du 6ème corps, qui s'y trouvent. — Je me mettrai donc en marche bien décidément au point du jour avec la brigade Corbineau pour aller encore aujourd'hui, par mal Doltsui, à Sloboda, d'ou j'éspére arriver demain à Ghloubokoe, où je trouverai des renforts de mes différents dépots. Si je suis attaqué en route, je manoeuvrerai en conséquence, pour être entamé aussi peu que possible.

J'ai l'honneur etc.

signé: Wréde.

Le Duc de Bassano à Monsieur le général Comte de Wréde, lieutenant-général, commandant en chef les troupes auxiliaires bavaroises.

Monsieur le Comte!

J'ai reçu avec beaucoup de reconnoissance la lettre que vous avez bien voulu m'ecrire de Cynowka le 23 de ce mois et par la quelle j'ai appris les brillants avantages que vous avez remportés le 20. Je n'avois que des nouvelles indirectes des affaires de Polotsk il ne m'étoit rien parvenu du Maréchal de St. Cyr. C'est à vous que je dois, Monsieur le Comte, des informations d'un si grand intérêt.

J'allois vous réexpédier Mr. Mentzingen lorsque Mr. le Prince de la Tour et Taxis est arrivé chargé de votre lettre du 25 et 26. Nous avons appris avec beaucoup de plaisir que vous étiez en mesure de couvrir Wilna. 'A l'exception des régiments de Lithuanie à peine formés et armés, qui ne sont point habillés et qui n'ont que peu d'officiers, nous n'avons absolument ici que ce qu'il nous faut pour nous mêttre à l'abri de quelques partis de cavalerie. Mais il arrive tous les jours des troupes de passage et nous attendons de plus une brigade de réserve qui sera ici dans les premièrs jours du mois prochain. Nous comptons qu'alors et si nous retenions les troupes qui ne sont point destinés à Wilna, nous aurions de plus de 10 à 12,000 hommes y compris une cavalerie qui, jointe à celle que nous avons déjà, monterait à 2,000 ou 2,500 hommes. Lorsque j'aurai reçu les premières nouvelles que vous m'annoniez, nous aviserons aux dispositions qui seront prises d'accord avec vous. Il paroît bien important, que tout en couvrant la route de Wilna, vous puissiez dans les positions que vous prendrez, conserver vos communications avec le 2ème corps dont Mr. le Duc de Reggio va reprendre le commandement; le Maréchal partira cette nuit.

Les lettres que je reçois du Duc de Bellune m'annoncent qu'indépendament de la division qu'il avoit depuis le 24 à Witepsk et qui s'est probablement rapprochée de l'Oula, il marche sur Sienno avec le 9ème corps pour agir le plutôt possible de concert. Il faut que l'ennemi n'ait pas eu connoissance de ce mouvement, lorsqu'il s'est porté en force sur vous.

J'ai l'honneur de vous prier, Mr. le Comte, de faire parvenir les lettres ci jointes à Mr. le Maréchal de St. Cyr. Agréez, je vous prie, Monsieur le Comte, les assurances de ma haute considération.

Wilna le 28 Octobre 1812.

signé: Le Duc de Bassano.

Le général de cavalerie Comte de Wréde, à S. E. Mr. le ministre Duc de Bassano.

Daniélowitsche le 29 Octobre 1812.

Monsieur le Duc!

En revenant sur la dépêche que j'ai expédiée à votre Excellence, de Buchnia le 26 à 4 heures du matin, par Monsieur le major Prince de la Tour et Tassis, j'ai l'honneur de la prévenir, que le même jour, j'ai fait une marche forcée par Maltolztoi, Veltolstoi, Stolichte. Arrivé là, j'ai trouvé des marais si impraticables sur ma droite, que j'ai dû descendre à Tscharnitsé, où j'ai couché. Le 27 j'ai dû descendre jusqu'à Dockchitsoui, parceque les marais se prolongaient jusque là dans mon flanc droit.

Avant de partir de Duchnia j'ai expédié un officier du 8ème de lanciers et un Maréchal de logis du même régiment sur différentes routes, pour prévenir le général Vivier à Ghlubokoë, qu'éspérant de pouvoir coucher le 26 à Sloboda près de Gholonbitschi, je comptais d'arriver infailliblement le 27 vers midi à Ghloubokoë.

Ayant trouvé dans ma marche du 26 les obstacles sus-mentionnés, qui me forcèrent le 27 de descendre jusqu'à Dokchitsoni, j'ai expédié à mon arrivée dans ce petit endroit un troisième lancier au général Vivier, avec la lettre, dont je joins copie ici sous N°. 1. Contre toute attente j'ai reçu de lui la réponse ci-jointe, sous N°. 2. Il ne m'appartient pas de taxer ou de juger cette conduite inconcevable du général Vivier, qui, au moment, où il savait que je fais des marches les plus forcées, que jamais troupe a pu faire, pour arriver à son secours, abandonne la ville de Ghloubokoe, un magasin trés considérable, et un parc à ce qu'on me dit, de dix sept pièces de tout calibre, sans avoir été attaqué de l'ennemi; enfin d'aprés ce que viennent de me dire les soldats malades, qui arrivent dans ce moment ici, l'ennemi n'avait pas encore occupé hier à 6 heures du soir la ville de Ghloubokoe. Je suis arrivé ce matin à onze heures, et j'ai pris de suite position, et suis forcé par les marches incroyables que j'ai fait, de faire reposer les troupes aujourd'hui; mais demain je vais pousser des reconnaissances, pour voir où l'ennemi se trouve. J'éspère en même temps pouvoir m'organiser en espionage, afin d'avoir des nouvelles les plus positives de la position et de la force de l'ennemi. Si je peux parvenir à réunir quatre à cinq mille hommes, je marcherai en avant pour réoccuperGhloubokoë, et pour empêcher l'ennemi d'emmener les pièces que le général Vivier à jetté dans l'eau. Si votre Excellence peut m'envoyer, en outre, trois où quatre mille hommes, et parmi eux cinq cents hommes de bonne cavalerie, je lui promets, que je reprendrai bien vîtement l'offensive, et qu'il me sera facile de marcher sur les derrières de Monsieur le Comte Wittgenstein et de Steinheil, pour faciliter les opérations du 2ème corps, ainsi que du 9ème corps. Je prie votre Excellence de donner des ordres, que tous les soldats français, qui se trouvent dans ce moment-ci entre la route de Wilna et d'ici, soient arrêtés à Michailiky, et réorganisés en bataillons de marche. Je donne le même ordre pour les soldats du 6ème corps.

Si peu de force que j'aie dans ce moment-ci, votre Excellence peût être sûre, quelles que soient aussi les vues de l'ennemi sur Wilna, et si même, ce que je ne crois pas, il aurait fait un détachement sur la route de Vitsoui à Swentsiany, je tâcherai toujours de manoeuvrer de manière à anéantir ce projet. Je prie seulement votre Excellence de vouloir me tenir au courrant de ce qui se passe chez Monsieur le Maréchal Duc de Tarente, ainsi que des mouvements que font le 2ème et le 9ème corps. Dans la lettre ci-jointe, pour Monsieur le général Comte Merle, qui commande ad intérim le 2ème corps, je le préviens de mon arrivée ici.

Comme il ne me sera guère possible de faire un rapport détaillé à S. A. S. le major-général avant demain au soir ou après-demain, votre Excellence m'obligerait infiniment, si elle voulait donner le plutôt possible connaissance de mon arrivée ici à S. A. S. le major-général.

J'ai l'honneur d'être avec respect

signé: Wréde.

Le général Comte de Wréde au général Vivier.

Dokszitsoui le 27 Octobre 1812.

Monsieur le général!

Les lanciers du 8ème que je vous ai hier et avant-hier envoyé, vous ont prévenu de ma marche; les marais que j'ai trouvés hier à Tscharnitse sont cause que j'ai dû diriger ma marche aujourd'hui par ici, où je dois necessairement coucher, parceque l'infanterie et les chevaux de l'artillerie sont si fatigués qu'ils n'en peuvent plus. Je vous envoye deux lanciers lithuaniens pour avoir de vos nouvelles, et d'apprendre si vous croyez pouvoir vous maintenir pendant la journée de demain à Ghloubokoe, parceque si cela se pouvait, je partirai à quatre heures du matin par Porplichtché pour vous réjoindre demain au soir. Si vous ne croyez pas pouvoir tenir demain dans la journée à Ghloubokoe, je marcherai par Boiaré sur Daniélowitschi; donnez-moi donc Monsieur le général, par les porteurs de celle-ci, qui ont l'ordre d'être ici à minuit le plus tard, des nouvelles de votre position, de vôtre force, de la position de l'ennemi, et de ce que vous savez de sa force.

J'ai l'honneur de vous saluer avec une considération distinguée.

signé: Le général
Comte de Wréde.

Le général Vivier au général Comte de Wréde.

à Ghloubokoe le 27 Octobre à 4 heures du soir.

Monsieur le général!

Votre depêche me parvient une heure aprés que mon mouvement de retraite est commencé. Monsieur le colonel Treuberg à dû vous instruire que je n'ai pas un seul homme de l'armée française et 200 et quelques hommes bavarois qui suivent mon mouvement jusqu'au parc de votre reserve; les cosaques sont déjà à l'entour de notre hopital; je n'en connais pas le nombre; mais un régiment a couché avant-hier à Louiski. Monsieur Treuberg m'a dit que 1000 hommes d'infanterie russe sont arrivés hier vers les huit heures à Plissa; s'ils marchent sur Ghloubokoë, il m'est impossible de m'y défendre. J'ai déjà detruit mon parc et partie des magasins, et je crois que la position n'est pas tenable, je veux donc continuer mon mouvement sur Wilna âfin d'en couvrir la route et je laisserai vos troupes à votre grand parc.

Agréez, mon général, l'assurance de ma considération respectueuse etc. etc.

signé: Le général Raimond. Vivier.

Le général Vivier au général Comte de Wréde.

à Daniélowitsche le 28 Octobre 1812.

Mon général!

Je trouve ici quatre vingts caisons de votre artillerie, et j'y laisse les deux cents bavarois qui formaient la garnison de Ghloubokoe. Si vous prenez une autre direction, je vous prie de leur envoyer des ordres.

Le peu de français que j'ai avec moi ne valent pas la peine d'être comptés, et je me dirige avec eux sur Wilna.

Agréez mon général l'assurance de ma considération respectueuse

signé: le général
Raimond Vivier.

Un rapport que j'ai reçu de Ghloubokoe me porte à croire que l'ennemi n'y avait pas paru ce matin à six heures. J'ai fait ma route sans en rencontrer. Il est possible qu'il ait connoissance de nos mouvements de la droite, et qu'il craigne, en se portant plus avant, de n'être plus à tems de se retirer.

Le Duc de Bassano à Mr. le général Comte de Wréde.

Wilna le 2 Novembre 1812.

Monsieur le Comte!

J'ai reçu la lettre que vous m'avez fait l'honneur de m'écrire le 30 de Daniélowitsche, le 31 de ce mois, par la quelle vous m'anoncez, que vous comptez vous porter le 31 à Ghloubokoë. J'ai communiqué les informations à Monsieur le Duc de Reggio, et au major-général. J'ai fait partir également par courier les lettres adressées à Monsieur le Comte Merle.

Nous n'avons ici de disponible que le 4ème régiment westphalien arrivé hier, et qui a besoin de repos. Nous attendons aujourd'hui le régiment de Hesse-Darmstadt. Je compte pour quelque chose l'infanterie lithuanienne qui se trouve ici, et qui est fort nombreuse. Elle est bonne pour défendre une position, mais elle ne peut pas être mise en campagne. Vous voyez, Monsieur le Comte, que nous manquons pour vous appuyer, mais non pour vous renforcer.

J'ai des lettres du Duc de Tarente, datées de Stalgau le 30. L'ennemi avait fait une tentative sur ses avant-postes le 29; il avait été battu partout. Le Maréchal rassuré sur sa gauche comptait marcher incessamment sur sa droite.

Les différents corps de la 34ème division arrivaient successivement sur Tilsit, où j'ai mandé au général Loison d'envoyer sa réserve.

Je reçois des nouvelles du Prince de Schwarzenberg datées de Wirozembi le 30. Il m'annonce que le 29 l'ennemi s'est mis en retraite. Dans le cours de la journée, le général Regnier avait poussé une forte reconnaissance sur Simiatiche. Le même jour le 2ème corps, et 2 divisions de l'armée autrichienne avaient passé le Bug à Droghitschin.

Le lendemain, l'armée toute entière devait être en position, et commencer ses opérations à la poursuite de l'ennemi.

On m'apprend en ce moment, que samedi soir (31 Oct.) un parti ennemi est entré à Widzi. Je ne sais pas encore, si le poste d'infanterie, qui était dans cette ville, l'aura repoussé, ou se sera retiré.

Je n'ai rien reçu du 2ème corps.

Si j'ai quelques nouvelles, je ne manquerai pas, Monsieur le Comte, de vous en informer. J'enverrai mes couriers sur Ghloubokoë.

Je prie Votre Excellence d'agréer les nouvelles assurances de ma haute considération

signé: Le Duc de Bassano.

Le général Comte de Wréde à Son Excellence Monsieur le ministre Duc de Bassano.

Barile le 2 Novembre 1812.

Monsieur le Duc!

En communiquant, ci joint, à Votre Excellence copie de la lettre que j'ai adressée hier à mon arrivée ici à Monsieur le général de division Comte de Merle, portée par un lancier du 8ème, qui connaît le pays, et qui par le chemin le plus court se dirigera du côté de Lepel, j'ai l'honneur de la prévenir que j'ai pris position ici à Barile, celle de Ghloubokoë me paraissant trop aventurée pour le peu de forces que j'ai. Je tiens Ghloubokoe occupée comme avant-poste, et je m'y suis porté ce matin, pour voir s'il y a moyen de retirer de l'eau les 27 canons, que le général Vivier y a jetté. Déjà j'ai pris des mesures pour faire transporter par Daniélowitze à Wilna, les 36 caissons de munition, laissés par le général également à Wilna.

Comme la glace couvre entièrement les canons, enfoncés dans le lac, on éprouvera quelques difficultés à les retirer, mais j'éspère cependant d'y réussir. Le plus difficile sera de trouver les chevaux nécessaires pour les conduire à Wilna.

J'écris, par le même courier, à Monsieur le gouverneur général Comte de Hohendorp pour le prier de donner l'ordre, que tous Messieurs les sous-préfects et commissaires de districts retournent à leurs postes, et reprennent leurs fonctions, parceque sans cela on sera forcé de prendre les vivres et les fourages dans les villages, et les excés seront inévitables. Ce matin, une de mes patrouilles à pris un lancier russe en avant de Ghloubokoë; d'après ce qu'il dit, son maréchal de logis, avec lequel il fut détaché avant-hier de Koubloutschi, où se trouvent deux escadrons de lanciers, 3 hussards et 4 dragons, était chargé de porter l'ordre au magistrat de Ghloubokoë de leur délivrer les canons qui se trouvent dans cette ville. J'ai trouvé ce matin un homme, qui s'est prêté d'aller à Koubloutschi, et de là le long de l'Uschaz, pour reconnaître la position et la force de l'ennemi. Sitôt qu'il sera de retour, j'aurai l'honneur de communiquer son rapport à votre Excellence.

Je n'ai pas besoin de faire remarquer à votre Excellence, qu'il sera impossible que l'armée prenne des quartiers d'hiver, avant que l'ennemi ne soit rejetté sur l'autre rive de la Duna, mais aussi il faut qu'entre la Disna et la droite de Monsieur le Maréchal Duc de Tarente, on ait établi une communication parfaite et que les différents corps se donnent la main.

J'ignore si la capitale de Wilna est toujours menacée du côté du Prince Schwarzenberg: si de ce côté il n'y a plus de danger, il me semble de la dernière importance de réunir toutes les troupes, qui se trouvent dans ce moment à Wilna, de les mettre de suite en mouvement pour les faire coopérer au grand but que je propose d'atteindre. La rigeur de la saison se fait déjà tellement sentir qu'il est à prévoir qu'il ne nous restera que très peu de temps pour les opérations militaires.

J'ai l'honneur d'être avec respect.

signé: Le général
Comte de Wréde.

Le général Comte de Wréde à Monsieur le général de division Comte de Merle, commandant le 2ème corps.

Barile le 1 Novembre 1812.

Par la lettre que je vous ai écrite avant-hier, j'ai eu l'honneur de vous donner connaissance de mon arrivée à Daniélowitsche, et par celle, expédiée hier, je vous ai communiqué les nouvelles qui me sont parvenues sur la position de l'ennemi, et que j'allais me porter aujourd'hui sur Ghloubokoë.

Ayant appris hier au soir par Mr. le major Prince de la Tour et Tassis, qui m'a apporté de Wilna des dépêches de Son Excellence Monsieur le Duc de Bassano, que le 2ème et 9ème corps devaient opérer leur jonction le 30 au plus tard, et qu'ils devaient reprendre l'offensive aujourd'hui ou demain, je me suis décidé d'autant plus, à me porter sur Ghloubokoë, que par là je m'approcherai d'avantage de la gauche du 2ème corps.

Me voilà aujourd'hui à 4 petites lieues de Ghloubokoë, où je passerai la nuit; je pousserai des reconnaissances jusqu'à la ville même. Demain matin je prendrai avec tout mon petit corps d'armée la position de Ghloubokoë. Toutes les nouvelles qui m'arrivent, confirment que l'ennemi tient entre la Duna et l'Uschaz une ligne d'avant-postes, en commençant de Charkovezisna par Louijki et Selicze vers Uschaz. Ses forces ne doivent pas être considérables entre ces deux rivières, où qu'il se confirme, qu'une grande partie de ce corps a repassé la Duna. En cas que Mr. le Maréchal Duc de Reggio soit déja arrivé au 2ème corps, je vous prie Mr. le général de mettre cette lettre sous ses yeux, pour que je sois instruit aussi vîte que possible des mouvements que les 2ème et 9ème corps vont faire; parceque, arrivé à Ghloubokoë, *je dois régler mes mouvements nécessairement d'après les vôtres;* et même si ces deux corps ne reprennent pas l'offensive de sitôt, je dois être bien sur mes gardes, afin que l'ennemi ne détache pas de nouveau des forces supérieures contre moi. Dans ma lettre d'hier, je vous ai dit que Vidzoni est toujours occupé par le général Coutárd, et que l'ennemi, jusqu'au 29, d'où se datent mes dernières nouvelles de ce coté là, n'a jamais poussé des reconnaissances plus loin qu'Opsa. Le Prince Radzivil avait fait de Dunabourg une démonstration sur Kraslaw, mais l'ennemi marchant à sa rencontre, il fut rappellé à Dunabourg.

Je vous prie Mr. le général d'agréer

signé: Le général
Comte de Wréde.

Le Duc de Bassano à Monsieur le général Comte de Wréde.

Monsieur le Comte!

J'ai retenu Mr. le Prince de Tour et Tassis jusqu'à ce moment dans l'espoir d'avoir quelques nouvelles à vous donner soit de Riga, soit de Dunabourg, soit de Widzoni. J'espérais aussi un courier du Prince de Schwarzenberg *que j'ai engagé de me faire parvenir un pour vous, du général, Monsieur votre frère.* N'ayant rien reçu, je ne m'oppose plus au désir que Mr. de la Tour a de partir.

Le Prince de Radziwill avait fait de Dunabourg une démonstration sur Kraslaw, mais sur l'avis que de l'infanterie russe venait d'arriver à Kaminicz, et que Drouia de nouveau était occupé par deux régiments d'infanterie, autant de milices, 4 pièces de canons et un poste de dragons, houssards et cosaques, le général Grandjean a rappelé le Prince Radziwill à Dunabourg. Tout était tranquille du côté de Widzoni, où on avait les mêmes renseignements sur les forces, qui se trouvent à Drouia.

Je n'ai point de lettres de l'Empereur depuis le 20. Celles de cette date étaient écrites de Droitska à 60 verstes de Moscau.

Il y avait eu une affaire d'avant-garde assez forte, mais je ne pouvais savoir encore quelle direction prendrait positivement l'armée.

Je suis très impatient de recevoir de vos nouvelles, Mr. le comte; c'est de vous seul que je puis savoir promptement ce qui doit intéresser notre position à Wilna, et les nouvelles sur les événements que la réunion du Duc de Bellune doit amener.

J'ai l'honneur Monsieur le Comte, de vous offrir les nouvelles assurances de ma haute considération.

Wilna le 30 Octobre 1812.

signé: Le Duc de Bassano.

Le général Comte de Wréde à Monsieur le Maréchal Duc de Tarente.

Barile le 3 Novembre 1812.

Monsieur le Maréchal!

Le 18 du mois passé, au matin j'ai expédié de Polozk Monsieur le capitaine Baron de Gumpenberg, un de mes officiers d'ordonance, avec des dépêches de Monsieur le Maréchal Comte de St. Cyr, pour votre Excellence. Comme cet officier n'est pas de retour à l'heure qu'il est, je commence à craindre, qu'il ne lui soit arrivé quelque accident. Je vous prie donc, Monsieur le Maréchal, de me donner des nouvelles, si cet officier vous est arrivé, et par quelle route il a été réexpédié.

Je ne parle point à votre Excellence des événements, qui ont eu lieu depuis le 18 Octobre près de Polozk, et dans ses environs, je pense que son Excellence Mr. le Duc de Bassano vous aura communiqué les détails que je lui ai adressés à cet égard.

Me voilà ici depuis avant-hier en position; ayant mes avant-postes à Ghloubokoe, et ne comptant, y compris ma cavalerie, pas tout à fait 4000 hommes sous les armes. Quoique j'ai expédié déjà 3 couriers au 2ème corps, lequel j'ai laissé le 26 près de Lépel, aucune réponse ne m'arrive, et je ne puis ni continuer à manoeuvrer, ni me décider à faire un mouvement rétrograde.

Je pense que votre Excellence a été prévenue par Mr. le Duc de Bassano, que le 25 Octobre, l'ennemi à fait repasser à une partie de ses forces la Duna, près Drouia, pour les porter vers Dunabourg. — Depuis que Mr. le Maréchal Comte St. Cyr a quitté le commandement en chef du 2ème et 6ème corps, pour rétablir sa santé, j'ai pris le commandement en chef du 6ème corps. Monsieur le Maréchal, Duc de Reggio, a repris celui du 2ème corps.

J'ai l'honneur d'être avec respect.

signé: Le général
Comte de Wréde.

Le général Comte de Wréde à Monsieur le ministre Duc de Bassano.

Danièlowitsche le 5 Novembre 1812.

Monsieur le Duc!

L'ennemi, m'ayant présenté dans la journée d'hier et d'avant-hier de forts détachements de cavalerie, de cosaques, de lanciers et de houssards, sur toute la ligne en avant de Ghloubokoë; l'avis certain qui m'est arrivé hier, que de leur camp de Koubloutschi, les russes ont dètaché 500 chevaux sur Gholoubitschi pour tourner mon flanc droit, n'ayant point reçu des nouvelles du 2ème corps, et ayant au contraire reçu, par un officier du grand Duché de Berg, la nouvelle que l'ennemi a occupé Lepel le 1er de ce mois, ayant en même temps reçu l'avis, que l'ennemi doit avoir dépassé avec quelques forces Vidzoni, et qu'il a poussé des partis vers Postavouï; votre Excellence dans sa lettre du 2, m'ayant fait connaitre, qu'elle ne peut pas m'envoyer des renforts; avec les moyens, qui sont à ma disposition, ne devant point engager au hazard une affaire, mais plustôt ménager mes peu de moyens pour couvrir la route de Wilna, j'ai cru devoir reprendre aujourd'hui avec le gros de mon petit corps la position de Danièlowitsche, pour rester maître de mes mouvements, et pour observer ceux de l'ennemi. En attendant j'ai employé les journées d'hier et d'avanthier pour retirer 9 pièces, des 27 canons jettés dans le lac de Ghloubokoë.

J'ai traîné ces pièces ainsi que 13 caissons à ma suite jusqu'ici, et je les dirigerai sur Wilna; les 18 autres pièces sont tellement enfoncées dans le lac, et couvertes de glaces, qu'il sera difficile de les retirer avant le printemps. Je continuerai d'envoyer des partis sur Ghloubokoë aussi longtemps que possible; mais je n'ose garder définitivement ce point, que jusqu'à ce que le 2ème corps aura repris l'offensive, et que je serai instruit de ses mouvements. Je pousse aujourd'hui 50 chevaux en avant par Postavoui, Joudounschitschki, et Kotsianoui, pour observer les mouvements de l'ennemi du côté de Vidzoni. Je pense que votre Excellence aura dirigé quelques troupes sur Sventianoui pour l'observer de ce côté. On veut prétendre que l'ennemi a fait marcher des forces considérables sur Vidzoni. Mais il paraît peu probable que les russes pousseront encore plus loin leurs partis, si Mr. le Maréchal Duc de Tarente s'est porté, comme votre Excellence m'a fait l'honneur de m'écrire, sur sa droite; c'est ce qui doit nécessairement inquiéter l'ennemi du coté de Drouia.

Je suis impatient de recevoir des nouvelles du 2ème et 9ème corps, et je supplie votre Excellence de me les communiquer le plutôt possible, si elle en reçoit.

J'ai l'honneur d'être avec respect

signé: Le général
Comte de Wréde.

Le général Comte de Wrède à son altesse sérénissime, le Prince major-général.

Danielowitsche le 5 Novembre 1812.

Monseigneur!

Par mon rapport du 30 et 31 du mois passé, votre Altesse aura vu qu'étant prévenu par son Excellence Monsieur le Duc de Bassano, que le 2ème corps, après avoir fait sa jonction avec le 9ème, devait reprendre l'offensive le 1er de ce mois; — j'allai me porter ce même jour à Ghloubokoë pour coopérer aux mouvements du 2ème corps. Mon avant-garde est arrivée à Ghloubokoë au moment, où l'ennemi avait envoyé l'ordre au magistrat de lui délivrer les 27 pièces de canon, que le général Vivier a laissées là. J'ai tout de suite envoyé un lancier du 8ème, par des chemins de traverse, pour prévenir le 2ème corps de mon arrivée à Ghloubokoë; mais n'ayant reçu aucune réponse, ayant au contraire reçu l'avis, que l'ennemi a occupé Lépel le 1er de ce mois; son Excellence Mr. le Duc de Bassano, m'ayant écrit, qu'il ne pourrait m'envoyer des renforts de Wilna; l'ennemi m'ayant montré hier et avant-hier de forts détachements de cosaques, de lanciers et de houssards, le long de la ligne de mes avant-postes devant Ghloubokoë; ayant en outre reçu l'avis qu'il avait détaché 500 chevaux de son camp de Koubloutschi par Gholoubitschi pour tourner mon flanc droit, et que même son corps de Gholoubitschi s'était mis en mouvement contre moi; ayant en même temps reçu l'avis que l'ennemi, en occupant Vidzoni, avait détaché des partis sur la route de Postavoui, j'ai cru devoir reprendre position ici, pour pouvoir régler mes mouvements sur ceux de l'ennemi, en couvrant toujours la route de Wilna, et n'engageant point d'affaire sérieuse, avant que le 2ème corps n'eût repris l'offensive, et que je fusse instruit de ses opérations.

En attendant je me suis occupé à retirer du lac de Ghloubokoë les 9 pièces de canon et les 13 caissons, qui y avaient été enfoncées le 27 du mois passé. Les 18 autres pièces de canon n'ont pu être retirées de l'eau, parcequ'elles sont trop enfoncées, et qu'une trop grande masse de glace les couvre. Je doute qu'on puisse les retirer avant le printemps. Les 9 pièces et les 13 caissons arrivés ici, seront dirigés sur Wilna, où ils seront mis à la disposition de Mr. le gouverneur général Comte de Hoggendorp.

J'ai l'honneur d'être avec un profond respect

signé : Le général
Comte de Wréde.

Le Duc de Bassano à son Excel. le général-commandant le 6ème corps Comte de Wréde.

Wilna le 5 Novembre 1812.

Monsieur le Comte!

J'ai reçu la lettre que vous m'avez fait l'honneur de m'écrire de Baril le 2 de ce mois et qui m'a été apportée par Mr. le lieutenant Baron de Menzingen. Votre Excellence a fait une chose bien utile en sauvant de Ghloubokoe une partie des objets précieux que Mr. le général Vivier s'est cru obligé d'abandonner dans sa retraite.

Je vais envoyer à Mr. le Maréchal Duc de Tarente la lettre que vous m'aviez adressée pour lui.

Je n'ai aucun renseignement précis à vous transmettre sur les 2ème et le 9ème corps. Si je dois en croire le rapport d'un agent, il y avait eu une canonnade assez vive le 31 du côté de Tschaehniki et le premier de ce mois les bagages du Duc de Belluno auraient pris la direction de Bechenkovitschi, tandis que le 2ème corps paraissait se diriger du côté de Sienno. Ce rapport reçoit quelque consistance d'une information, dans le même sens, que le commandant de Borisow a donnée à Mr. le Duc de Reggio à son passage dans cette ville. Ce Maréchal y était encore le 2; il avait été contrairé dans sa marche par l'impossibilité où les partis que l'ennemi jette au loin, l'ont mis, d'aller directement de Wileika sur Borisow.

Je n'ai pas de nouvelles du Prince de Schwarzenberg depuis celles du 30 que j'ai eu l'honneur de vous communiquer.

Les administrations des districts ont reçu conformément à vos désirs l'ordre de rentrer à leurs postes.

J'ai transmis copie de vos dernières depêches à S. M. et à Mr. le Duc de Reggio.

Le poste de Vitzoui a dû de nouveau occuper cette ville d'où il ne s'était retiré qu'après en avoir chassé l'ennemi et pour venir chercher des cartouches. On le fait renforcer par un bataillon de troupes lithuanienes de nouvelles levées.

J'ai l'honneur Mr. le Comte, de vous offrir les nouvelles assurances de ma haute considération.

signé: Le Duc de Bassano.

P. S. Les dernières lettres que j'ai reçues hier de S. M. sont datées de Vercia le 27. L'armée avait eu plusieurs beaux combats; le vice-roi dans une brillante affaire avait emporté le 25, la ville de Maloia-roslavets et l'ennemi avait eu 5 à 6000 hommes hors de combat.

Le général Comte de Wrède à Monsieur le ministre Duc de Bassano.

Daniélowitsche le 7 Novembre 1812.

Monsieur le Duc!

Votre Excellence se rappelera par ma lettre du 2 ou 3, qu'arrivé à Barili le 1 Novembre, j'ai expédié un lancier du 8ème avec ma troisième lettre pour Mr. le général Comte de Merle. Ce lancier avec beaucoup de peines a traversé la ligne ennemie, et il est revenu hier au soir.

Au lieu d'une lettre pour moi, il fut porteur de la lettre suivante, pour Mr. le général baron Corbineau:

»Mon général! Je n'apprends pas sans »étonnement que votre brigade suive une autre »direction que celle du 2ème corps, et que vous »ne faites rien pour vous en approcher. Je »vais au 2ème corps en reprendre le com»mandement. J'espère qu'on m'y justifiera »d'un mouvement, qui dans cette circonstance »me parait plus qu'extraordinaire.«

»Borisow le 4 Novembre 1812.«

signé: »Le Maréchal
Duc de Reggio.«

Comme Mr. le général baron Corbineau fut précédemment mis sous mes ordres par Mr. le Maréchal Comte St. Cyr, qui commandait alors en chef les deux corps, je ne vois pas comment ce général peut être coupable d'avoir suivi mon mouvement, qui se faisait pour le bien de la cause commune, et qui m'avait été prescrit par un ordre du 24 Octobre. Il est vrai que cet ordre ne m'est pas parvenu directement, car le porteur a été fait prisonnier; mais il m'a été transmis verbalement par Mr. le général de division Comte Maison, lorsqu'il m'a rencontré près de Voren.

Mais je suis bien éloigné de m'opposer à ce que Mr. le général baron Corbineau n'exécute sans délai les ordres de son Excellence Mr. le Maréchal Duc de Reggio; j'ai donc chargé ce général de rappeler sur le champ ses détachements, qu'il a sur la route de Vidzoui, qui rentreront ce soir, et il partira demain de grand matin pour rejoindre en marches forcées le 2ème corps.

Votre Excellence, informée par mes lettres precédentes, que l'ennemi tient des forces assez considérables, et bien plus nombreuses que celles que j'avais jusqu'ici, entre Ghloubokoë et Koubloutschi, conviendra avec moi, que demain sans cavalerie, à l'exception du peu d'hommes qui me servent d'escorte; qu'avec 1937 hommes d'infanterie, je n'ose m'aventurer plus longtemps; car éloigné de tout secours, je serai hors d'état de résister à des forces supérieures; je dois donc nécessairement prendre une autre position en arrière entre Koubolniki et Constantinow, pour attendre les événements ou des ordres ultérieurs. Je suis bien peiné d'être forcé à ce mouvement, mais les circonstances paraissent le dicter. Je prie votre Excellence de vouloir en donner connaissance à son altesse sérénissime le major-général, jusqu'à ce que je puisse moi-même lui adresser mon rapport.

J'ai l'honneur d'être avec respect

signé: Le général
Comte de Wréde.

Le général Comte de Wréde à son Excellence Monsieur le Duc de Bassano.

Daniélowitsche le 8 Novembre 1812.

Monsieur le Duc!

Comme par les moyens que j'emploie, je me vois assez bien servi par mes espions; que je ne crains pas les hourras de cosaques, d'ailleurs sûr d'être prévenu à temps, si des forces très supérieures voulaient me tomber sur le corps, je suis bien décidé de garder la position d'ici aussi longtemps que possible, et de ne bouger de là seulement que quand des circonstances très majeures m'y forceraient. Comme il m'arrive un renfort de quelques centaines d'hommes de mon infanterie, je tâcherai de m'y garder aussi bien que possible.

J'ai l'honneur de communiquer à votre Excellence différentes dépositions sur les mouvements ennemis; dans la journée il m'arriveront de tous les côtés.

Mr. le général baron Corbineau s'est mis aujourd'hui en mouvement pour coucher à Bocare et demain à Dogschutzoui, mais de là il ne sait pas trop bien quelle direction prendre vu son éloignement du 2ème corps; et que pour faire sa jonction avec lui, il sera forcé de descendre la Berezina au moins jusqu'à Rudnia; mais il est pròbable qu'il arrivera trop tard, pour les opérations du 2ème corps, tandis que sur cette route-ci, sa brigade aurait pu être trés utile aussitôt qu'on reprendra l'offensive.

Neuf pièces de canon et treize caissons que j'ai amenés de Ghloubokoë, sont partis aujourd'hui pour Wilna. Mr. le baron de Menzingen m'a apporté cette nuit-ci les lettres que votre Excellence m'a fait l'honneur de m'adresser en dâte du quatre de ce mois, et par lesquelles elle a bien voulu me faire connaître la marche de S. M. l'Empereur et Roi, et les brillants succés que la grande armée a remportés.

J'ai l'honneur d'être avec respect.

signé: Le général de cavalerie
Comte de Wréde.

Le Duc de Bassano à son Excellence Monsieur le général Comte de Wréde.

Wilna le 8 Novembre 1812.

Monsieur le Comte!

J'ai reçu la lettre que vous m'avez fait l'honneur de m'écrire de Daniélowitsche le 5; j'ai différé d'y répondre parceque les divers mouvements que font les armées de Wittgenstein et de Tschitchagoff n'étaient point encore assez éclairées, soit pour vous donner des informations fondées, soit pour prendre ici des déterminations fixes.

Nous ne voyons pas encore bien clair dans toutes ces affaires. Ce qu'il y a de certain du moins,

1°. quand à l'armée de Wittgenstein: c'est qu'elle a occupé Lepel; que le 4 une force assez considérable, infanterie et cavalerie, était à Swiada et se dirigait sur Baran; que le 6 une partie avait occupé Borizow pendant quelques heures; que le Duc de Bellune était le 3 à Sienno avec les 9ème et le 2ème corps et qu'il se proposait de manoeuvrer dans la direction de Tschereca et de Kramolouki.

2°. Quand à l'armée de Tchitschagoff: que sa retraite est prononcée, et qu'il se dirige peut être en grande force, peut être en totalité, sur Slonim; que le Prince de Schwarzenberg et le général Reinier le suivent et marchent dans la direction de Wolkowik; ils étaient le 3 l'un à Bielsk, l'autre à Orla.

C'est dans ces conjonctures que Mr. le Duc de Bellune, qui ne connaissait pas encore le mouvement de Tchitschagoff, m'a écrit le 3 de Sienno, et m'a mandé de porter au reçu de sa lettre, dans la direction de Ghloubokoë et de Michaelski toutes les troupes qu'on aurait pu réunir à Wilna. Il pensait que ces troupes sous vos ordres pouvaient opérer utilement et selon les circonstances dans la direction d'Uschatz ou de Disna, ou de Polock, en ayant l'attention d'envoyer des partis sur la Bérésina pour communiquer avec le 2ème corps au point de Bérésino.

Monsieur le gouverneur général vous informe, par la lettre c'y jointe, de ce que nous avons fait pour déférer au désir de Mr. le Duc de Bellune, mais j'ai cru devoir faire connaître à Mr. le Maréchal que les mesures que nous prenions n'étaient que provisoires, et ne deviendraient définitives que dans le cas ou nous serions assurés que l'ennemi, qui se porte sur Slonim, ne changera pas la direction qu'il parait prendre vers Minsk, ou que le Prince Schwarzenberg, arrivant promptement à notre hauteur, nous mettrait dans une entière sécurité. J'ai ajoûté que non seulement nous pourrions être dans le cas de faire revenir les troupes, *mais même d'engager votre Excellence à se replier sur nous;* c'est dans cet esprit que les ordres ont été donnés à M. M. généraux Coutard et Franceschi; avant très peu de jours notre position sera éclaircie, et vous saurez Mr. le Comte sur quoi vous pouvez compter.

Agréez l'assurance de ma haute considération.

signé: Le Duc de Bassano.

P. S. Cette lettre était au moment de partir quand Mr. le prince de la Tour et Tassis m'a remis la votre du 7. Je n'ajoute rien à la mienne, Mr. de Tassis vous portera les nouveaux éclaircissements que je serai dans le cas de vous transmettre.

S. M. l'Empereur était avec la grande armée le 4 au matin à Slaskowo. Il a dû coucher le même jour à Doroghobouj.

Le général Comte Hogendorp à son Excellence Monsieur le général Comte de Wréde.

Wilna le 8 Novembre 1812.

Monsieur le général!

J'ai l'honneur de vous prévenir que d'aprés les dispositions prescrites de son Excellence le Maréchal Duc de Belluno, commandant en chef toutes les troupes restés en arrière, et la demande qu'il en a faite à son Excellence le Duc de Bassano, je fais partir pour aller vous rejoindre les troupes dont l'état ci joint présente la composition et la force.

Ces troupes forment deux brigades ainsi qu'il est porté sur l'état : la 1ère sous les ordres du général Francesky, qui partira mardi 10 du courant de Smorgoni avec les troupes qui s'y trouvent ; il marchera sur Wileyeka, où il ralliera l'autre partie de sa brigade, et prendra la route la plus directe pour aller vous rejoindre.

Le général Coutard partira lundi 9 du courant de Wilna avec les trois bataillons de sa brigade, qui se trouvent ici, pour se rendre à Michaelisky, où il ralliera le 4ème bataillon et tous les détachements de votre corps d'armée qui se trouvent sur ce point, et se dirigera ensuite sur Ghloubokoë.

Ces deux généraux ont l'ordre de vous faire connaître leur mouvement le plutôt possible ; veuillez bien Mr. le général, envoyer sur leur route des officiers, qui puissent leur indiquer le point ou vous voulez qu'ils se rendent, devant servir sous vos ordres.

Je dois vous prévenir cependant que le mouvement de ces deux brigades est subordonné aux circonstances qui pourraient nous forcer à les rappeler si nous en avions un besoin urgent.

Agréez je vous prie, Monsieur le général, l'assurance de ma très-haute considération.

Le général de division, aide de camp de l'Empereur, gouverneur général de la Lithuanie

signé : Comte de Hogendorp.

Le général de brigade baron de Corbineau à Monsieur le général de cavalerie Comte de Wréde.

Boiaré le 8 Novembre 1812.

Mon général!

J'ai l'honneur de vous rendre compte, que je suis arrivé à Boiaré ou je compte rester jusqu'à après-demain, et où jespére encore recevoir l'ordre de vous rejoindre: car je suis convaincu qu'on vous enverra quelques renforts et l'ordre d'opérer sur Disna; alors il vous faudra de la cavalerie et je serai tout prêt. Si je suis obligé de passer par Borizof pour rejoindre Mr. le Maréchal Oudinot, je ne serai pas auprès de lui avant douze jours et à cette époque, il sera sûrement à Polotsk. Je n'ai pu me procurer encore aucun renseignement sur l'ennemi.

Veuillez recevoir de nouveau les sentiments de mon respect.

signé: Le général
Baron de Corbineau.

Le général de cavalerie Comte de Wréde, à Mr. le général de brigade Baron Corbineau.

Daniélowitsche le 10 Novembre 1812.

Monsieur le général!

En vous communiquant confidentielement la lettre que je viens de recevoir de S. E. Mr. le ministre Duc de Bassano, je vous engage, et le prend sous ma responsabilité, d'arréter là, où le courier porteur de celle ci vous trouvera à votre marche; vous allez prendre position soit à Dockchitsoui ou Szwilo; ayant par votre gauche des partis à Boiaré par lesquels vous correspondez avec moi, et par votre droite de partis sur la Bérézina. Vous voyez que dans cette position indiquée, vous êtes à portée de faire votre jonction avec le 2ème corps lorsque son Excellence Monsieur le Maréchal Duc de Belluno, commandant en chef, commencera ses mouvements et dans l'entre temps vous remplissez le but que son Excellence Monsieur le Maréchal m'a fait désigner dans la lettre de Monsieur le Duc de Bássano.

Tâchez d'avoir des nouvelles des mouvements de l'ennemi du côté de la Berezina; engagez des hommes sûrs de vous en procurer, je vous rembourserai tous les frais que vous pourrez faire; profitez de vos lanciers, qui sont excellents, pour ces missions, et envoyez m'en deux ou trois au reçu de celle-ci, parlant polonais et allemand.

J'espére mon général que dans peu de jours je serai en état de chauffer les derrières de Monsieur de Wittgenstein.

En vous priant de faire le plus grand secret, agréez l'assurance de ma haute considération

signé: Le général
Comte de Wréde.

Le général Comte de Wréde à son Excellence Monsieur le ministre Duc de Bassano.

Daniélowitsche le 10 Novembre 1812.

J'ai reçu la lettre que V. Excellence m'a fait l'honneur de m'adresser par estafette, en date du 8, et dans laquelle elle a bien voulu me communiquer les intentions de son Excellence Monsieur le Maréchal Duc de Belluno à l'égard des mouvements à faire et des renforts qui ont été mis en marche pour se diriger à cet effet sur moi. Je commence par avoir l'honneur de donner à V. Excellence les nouvelles, qui me sont arrivées depuis ma dernière lettre sur la position de l'ennemi: tout confirme que le général Wittgenstein a le gros de ses forces à Tchachniki;

la réserve, qu'il avait à Koubloutschi, s'est dirigée sur ce point, et je n'ai plus que des cosaques ou des lanciers devant moi entre l'Uchatz et la Duna. Dans la ville d'Uchatz l'ennemi doit avoir 4 à 6,000 hommes d'infanterie, dont une grande partie sont des milices, avec quelques pièces de canon; ce corps fait répandre le bruit que 30,000 milices doivent incessament arriver de St. Pétersbourg.

J'ai des espions sur toutes les routes, et j'aime à croire que je serai averti à temps de tous les mouvements que l'ennemi fait, ou des renforts qui pourraient lui arriver. La lenteur avec laquelle le général Wittgenstein a poursuivi ses mouvements jusqu'ici, me fait croire, qu'il renonce au projet de faire sa jonction avec le général Tschitchagoff; du moins il me semble, que s'il l'exécute encore, il s'expose de s'éloigner de sa ligne d'opération, de ses dépôts et de son grand parc, et il perdra trop de vue son ancienne destination de couvrir les routes de St. Pétersbourg et de Riga.

Je communique, c'y joint, à votre Excellence, la lettre que Monsieur le général baron de Corbineau, m'a écrite hier de Boiaré, ainsi qu'une copie de celle que je lui ai adressée ce matin par un courier. Je pense que le contenu de ma lettre entre dans le sens des dispositions et des désirs de son Excellence Monsieur le Maréchal Duc de Bellune et qu'elle satisfera également ceux de son Excellence Monsieur le Maréchal Duc de Reggio.

Quant aux mouvements que je pourrais faire lorsque les deux brigades, qui sont en marche pour me renforcer, seront arrivées, il y en a selon mon idée deux différents: le 1ère serait: de diriger 2 à 3,000 hommes sur la route de Ghloubokoë à Loujki, pour tenir en échec les forces de l'ennemi sur la Duna, et de marcher avec le gros de mon corps par Ghloubokoë, Koubloutschi à Uchatz, pour descendre sur la rive gauche de cette rivière, lorsque la communication avec le 2ème corps sera établie par des éclaireurs; et qu'aussitôt que les 9ème et 2ème corps auront commencé la grande operation, de forcer le passage soit à Bononia, soit à Roudnia, d'attaquer l'ennemi sur ses derrières. Le second mouvement serait: de faire éclairer et d'allarmer les derrières de l'ennemi, le long de la gauche de l'Uchatz, lorsque le 9ème et 2ème corps reprendront l'offensive, et de me porter avec le gros de toutes mes troupes en marches forcées sur Dissna; de culbuter l'ennemi qui s'y trouve, de passer la Duna, s'il est possible, en même temps que les russes où après eux, pour me porter par la rive gauche de la rivière sur les derrières de l'ennemi. En comptant les troupes que Monsieur le gouverneur-général Comte de Hogendorp a fait partir de Wilna, et celles que j'ai ici, ainsi que les renforts de troupes bavaroises qui m'arriveront, je me trouverais à la tête de 13,000 hommes, et d'une artillerie assez nombreuse. Je serais donc en mesure d'éxécuter où l'un ou l'autre des mouvements projettés. Comme il ne me reste pas assez de temps aujourd'hui, pour faire mon rapport à son Altesse serenissime le major-général et à son Excellence Monsieur le Maréchal Duc de Bellune, je prie votre Excellence de leur communiquer cette lettre présente, pour qu'il m'arrive à temps l'ordre pour lès mouvements qu'on veut que j'exécute.

Si contre toute attente, votre Excellence recevait de mauvaises nouvelles du Prince de Schwarzenberg, je la prie de me faire connaître ses intentions ultérieures.

En attendant j'ai l'honneur d'être avec respect

signé: le général
Comte de Wréde.

Le général Comte de Wréde à son Excellence Monsieur le Duc de Bassano.

Danièlowitsche le 11 Novembre 1812.

Monsieur le Duc!

J'ai l'honneur de prévenir votre Excellence qu'à en juger d'après les différents rapports qui m'arrivent, Monsieur le général Comte de Wittgenstein se prepare à un mouvement rétrograde. J'espére recevoir des nouvelles plus détaillées dans la journée, et m'empresserai d'avoir l'honneur de les communiquer à votre Excellence. J'ai oublié de lui marquer dans mes lettres précédentes, que Monsieur de Wittgenstein fait beaucoup travailler aux fortifications de Polozk, et qu'il a même fait commencer des ouvrages sur la gauche de la Duna, en avant de petit Polozk.

Pourvu que mes renforts arrivent à temps, avant que le mouvement rétrograde de l'ennemi soit bien prononcé: — afin que je lui puisse encore faire autant de mal que possible! La brigade de Monsieur le général baron Coutard, d'après l'ordre que je lui ai expédié hier, devant arriver ici le 13, mon avantgarde en partira le même jour pour se porter à Barili. Le 14 mon avantgarde dépassera Ghloubokoë; le 17 au matin, (comme le corps sera réuni le 16 au soir à Ghloubokoë) je pourrai reprendre l'offensive dans tout l'étendue du terme.

Dans la lettre ci-jointe, je prie Monsieur le gouverneur général, Comte de Hogendorp, de vouloir mettre sous mes ordres les détachements qui se trouvent à Vidzoui pourque, lorsque je commencerai mes mouvements je puisse lui indiquer à quelle hauteur il doit se porter.

J'ai l'honneur d'être avec respect.

signé: Le général
Comte de Wréde.

P. S. Je suis instruit des mouvements que l'ennemi a fait en dâte du 8, sur Borisow et de là sur Kosin et Loghoisk. Ce ne sont que des éclaireurs qui paraissent et disparaissent. — Il me semble que le général Tschitchagoff, s'il est instruit de l'arrivée de Sa Majesté l'Empereur et de la grande armée, se verra forcé, arrivé à Slonim, de changer de direction.

Le Duc de Bassano à son Excellence Monsieur le général Comte de Wréde.

Monsieur le Comte!

J'ai reçu les lettres que votre Excellence m'a fait l'honneur de m'écrire de Daniélowitsche le 8 et le 10 Novembre: j'ai communiqué leur contenu au major-général, aux Ducs de Reggio et de Bellune, et j'en ai mis l'extrait sous les yeux de Sa Majesté.

Je ne crois pas que dans les circonstances actuelles, et avec les moyens dont vous disposez en ce moment, vous puissiez entreprendre une opération qui *vous éloigne beaucoup de Wilna;* je crois même qu'avant que vous soyez dans le cas de le faire, *j'aurais reçu des ordres positifs* que j'ai solicité de Sa Majesté.

Il est très probable, qu'à l'instant où je vous écris, il se sera passé des événements importants. Monsieur le Duc de Bellune et Monsieur le Duc de Reggio auront pris l'offensive; ils en ont reçu l'ordre positif depuis environ 3 jours.

L'armée de l'admiral Tschitschagoff marche très certainement dans la direction de Nowogrodek, pour se porter sur Minsk ou sur Bobrinsk selon les événements. Il paraît qu'elle a au moins trois marches sur le Prince du Schwarzenberg, dont je n'ai pas des nouvelles directes. J'en ai reçu du général Regnier, qui était à Swilocz le 7, et qui devait marcher le 8, dans la direction de Proujana. Il est probable que le Prince de Schwarzenberg était en même temps à Wolkowisk et qu'il devait se diriger sur Slonym.

J'ai l'ordre de faire venir sur Wilna la 34ème division et 800 chevaux napolitains. Ces dispositions manifestent assez l'intention où est Sa Majesté d'avoir des forces réunies sur Wilna. La brigade du général Coutard était une brigade de reserve destinée à Wilna. Il est très possible que Sa Majesté compte sur cette brigade et peût-être même sur le 2ème corps; et que les dispositions seraient contraires si cette brigade marchait sur la Dwina et sur l'Uchatz.

Votre Excellence me parle des renforts qui lui arrivent, je la prie de me dire si elle entend par là des renforts qui seraient arrivés, où si elle compte sur ceux qui arrivent de Bavière. La 1ère colonne de ceux-ci était partie de Glogau, et n'a dû arriver à Kaliz que le 1ère de ce mois: elle était attendue à Warsovie le 12 où le 13.

Je garde ici Monsieur le baron de Horn, afin de le réexpédier à votre Excellence aussitôt que je recevrai des nouvelles du mouvement du Duc de Bellune et du Duc de Reggio.

Il sera fort intéressant pour moi d'avoir communication des renseignements que vous obtiendrez par vos espions.

Ma dernière lettre de Sa Majesté, était datée de Michalewski le 6 Novembre. L'armée a du arriver le 7 à Smolensk.

J'ai l'honneur d'offrir à votre Excellence les nouvelles assurances de ma haute considération.

Wilna le 11 Novembre 1812.

signé: Le Duc de Bassano.

Le général Comte de Wréde à Son Excellence Monsieur le ministre Duc de Bassano.

Daniélowitsche le 13 Novembre 1812.

Monsieur le Duc!

Monsieur le major Prince de la Tour et Tassis arrive porteur de la lettre que votre Excellence a bien voulu m'adresser en date du 11, au moment que j'allais porter mon avantgarde sur la route de Ghloubokoë pour faire place à la brigade du général Coutard, qui arrive aujourd'hui ici. Le contenu de la lettre de votre Excellence *a dû m'engager de suspendre ce mouvement, lequel cependant j'aurais cru nécessaire et avantageux pour le cas que les 9ème et 2ème corps auront* repris l'offensive. La brigade du général Francesky arrive aujourd'hui et demain dans les environs d'ici. Je joins copie à votre Excellence, du rapport que ce général m'a fait sur l'indiscipline et sur la désertion qui a eu lieu dans l'infanterie qu'il amène. Je ne bougerai pas avec ces troupes d'ici, avant que votre Excellence ait la bonté de se prononcer: si j'ose m'éloigner davantage de Wilna, et coopérer aux opérations du 2ème et du 9ème corps. L'ennemi ayant fait la faute d'avoir disposé ailleurs du corps d'infanterie, qu'il avait sur la rive gauche de l'Uchatz, et n'ayant plus que des cosaques et des lanciers entre la Disna et l'Uchatz, mériterait bien d'en être puni, si les circonstances voulaient permettre que je me porte sur ses derrières vers l'Uchatz.

L'espion que j'ai envoyé à Disna, n'est pas de retour et ne pourra l'être que demain dans la journée. Des avis que je reçois de ce coté-là assurent que l'ennemi a peu d'infanterie à Disna; qu'il a près de 3,000 hommes à Drouia avec 4 à 500 cosaques, qui ont leur poste le plus avancé à Braslav. Il fait travailler à une espèce de tête de pont sur les deux rives près de Drouia, et a fait rétablir le pont que la glace lui avait rompu dans la nuit du 4 au 5. Un espion bien courageux, que j'ai envoyé du côté de Tschasniki et Kamen, doit également revenir demain. Il se confirme que Monsieur de Wittgenstein a laissé les bagages de ses divisions en arrière entre Polozk et Uchatz, et que même les vivandiers russes, s'ils passent la journée aux camps, retournent au soir aux bagages.

J'ignore de quelle force on croit l'armée du général Wittgenstein, au quartier général des 9ème et 2ème corps; mais il me semble, que les forces qui se trouvent à ces deux corps avec ceux qui m'arrivent ici, approchent assez, s'ils ne dépassent pas même ceux de Monsieur de Wittgenstein.

Quant aux renforts des troupes bavaroises, dont j'ai eu l'honneur de parler à votre Excellence, que j'attendais; ils se bornent aux différents transports de reconvallescents qui me sont en partie déjà arrivés, et qui m'arrivent encore à mesure qu'on peut les armer, et qui monteront au nombre de 1000 à 1200.

Les renforts que j'attends de la Bavière ne peuvent, à moins que son Altesse sérénissime le major-général n'ait daignée accéder à ma demande de les faire diriger de Glogau directement par Warsowie sur le Niemen, arriver avant le 10 Decembre à mon dépôt à Balvierzisky. Il me reste de joindre à votre Excellence, copie d'un rapport que Monsieur le général baron Corbineau m'a fait hier dans la journée, et par lequel elle verra ce qui s'est passé avant-hier à Dockschitzoui.

J'ai l'honneur d'être avec respect.

signé: Le général
Comte de Wréde.

Le général Baron Corbineau à Monsieur le général de division Comte de Wréde.

Seitzé le 12 Novembre 1812.

Mon général!

J'ai l'honneur de vous rendre compte que je suis établi à Seitzé. J'ai envoyé aujourd'hui des partis sur Bérézino et la Bérézina. Je joins ici le rapport de Monsieur Loubiensky du 8ème Lanciers; mais je ne crois pas que les Russes soient campés près de Bérézino. Quatorze cosaques s'étoient présentés le 10 à Dockistihoui, ils s'en sont retirés après s'être enivrés. Une colonne française était annoncée à Doginof, mais elle n'a point paru.

J'ai l'honneur d'être avec respect.

signé: Le général
Baron Corbineau.

P. S. Veuillez mon général m'envoyer vos lettres par Volkolatoni.

Parafiany le 11 Novembre 1812
à 6 heures du soir.

Mon général!

Je suis arrivé à Parafiany, endroit où vous avez déjeuné, et je m'y suis établi. Les russes ont évacué Dokszycoui hier soir, quelques hommes sont paru seulement dans la nuit aux environs. On dit qu'il sont campés en force du côté de Berezina à quatre milles de cette ville; on dit aussi que l'ennemi s'avance toujours dans le pays. Je n'ai du reste rien de nouveau.

Agréez mon général l'assurance de ma haute considération.

Le colonel
du 8ème régiment de chevauxlégèrs
signé: Lubiensky.

Le général Comte de Wréde à son Excellence Monsieur le Duc de Bassano.

Daniélowitsche le 15 Novembre 1812.

Monsieur le Duc!

Monsieur le major baron de Horn est arrivé porteur de la lettre que votre Excellence m'a fait l'honneur de m'adresser en date du 13. Je m'empresse de lui communiquer copie du rapport que le général baron Corbineau m'a fait ce matin, par lequel Elle verra qu'un corps russe commandé par le général Oulastoff doit être arrivé à Ghloubokoë. C'est probablement le même corps qui étoit en marche jeudi passé sur Louyki lorsque mon espion, qui devoit se rendre à Disna a pris la fuite devant lui à Jazna. Le fait est, que de trois émissaires que j'ai envoyé hier à Ghloubokoë, pas un seul n'est de retour à l'heure qu'il est. Soixante cosaques se sont montrés a deux lieues et demie d'ici à mes avant-postes, mais ils se sont repliés. Je viens d'envoyer des détachements sur la route de Vidzoui pour voir si l'ennemi n'a pas fait un nouveau mouvement de Drouia sur ce point. J'attends avec impatience l'arrivée des prisonniers cosaques que le général Corbineau a fait, pour les faire interroger. Il parait que le général Wittgenstein a réparé la faute de ne pas avoir laissé un corps entre la Disna et l'Uchatz, qui lui couvre ses derrières dans sa position sur Oula.

Comme votre Excellence dans sa lettre du 13 m'a renvoyé, relativement aux opérations, qui peuvent particulièrement m'intéresser, à sa lettre précédente qu'elle m'a fait l'honneur de m'adresser, en date du 11, et dans laquelle elle m'engage de ne pas m'éloigner de Wilna jusqu'à l'arrivée des ordres positifs qu'elle attend de Sa Majesté l'Empereur et Roi à cet égard, je me vois les mains lieés, ne pouvant pas, conformément à ces deux lettres, marcher sur l'ennemi, et devant me borner à la défensive. Il est vrai que par l'arrivée du corps du général Oulastoff je ne peux plus mannoeuvrer sur les derrières de Monsieur de Wittgenstein avant d'avoir repoussé le dit corps; mais je pense qu'avec les forces que j'ai dans ce moment-ci, et avec le bon esprit qui règne dans la troupe, je pourrai, à moins que des forces supérieures n'arrivent encore à Monsieur de Oulastoff, marcher à lui et le repousser vers la Disna. En tout cas, comme d'après la lettre de votre Excellence, datée du 8, son Excellence Monsieur le Maréchal Duc de Belluno a désiré que les troupes qui sont venues me renforcer, soient mises en mouvement pour opérer sous mes ordres selon les circonstances dans la direction d'Uchatz où de Disna où de Polozk. Je supplie votre Excellence de défendre ma cause auprès de Monsieur le Maréchal Duc de Belluno qui s'attend peut-être que je sois déjà en mouvement, et je me flatte que votre Excellence aura la bonté d'exposer à Monsieur le Maréchal que conformément à sa lettre du 11 et du 13 je reste sur la défensive jusqu'à nouvel ordre.

Par ma lettre que j'ai écrit dans la journée au général Corbineau et dont je joins copie ici, votre Excellence verra que je l'ai de nouveau engagé de faire sa jonction avec le 2ème corps, et qu'il pousse des partis aussi loin que possible.

J'ai l'honneur d'être avec respect.

signé : Le général
Comte de Wréde.

Le général Comte de Wréde à Monsieur le général de brigade Baron de Corbineau.

Daniélowitsche le 11 Novembre 1812.

Monsieur le général!

Un courier qui m'arrive, porteur des dépêches de son Excellence Monsieur le Duc de Bassano, m'apporte la nouvelle que conformément à une lettre de Monsieur le Maréchal Duc de Reggio, datée de Tschercia le 10, on avoit fait des dispositions pour que le 12 les 2ème et 9ème corps reprennent l'offensive; et que Monsieur le Maréchal Duc de Reggio insiste toujours au rappel de votre brigade.

Je vous engage donc mon cher général de faire votre possible pour vous rapprocher du 2ème corps, et de faire votre jonction aussitôt que les circonstances le permettront. Je pousserai de mon côté des partis aussi loin que possible sur votre gauche, pour faciliter votre mouvement. On m'a encore rendu compte ce matin qu'on avoit entendu une canonnade du côté de Lepel. Il se peut que cela soit faux, mais le fait est que voilà deux jours de suite qu'on veut l'avoir entendu.

Mes émissaires ne sont pas encore de retour de Ghloubokoë de manière que je n'ai pas encore des nouvelles positives sur les forces avec lesquelles l'ennemi s'est placé là. `A l'heure qu'il est, je n'ai pas encore un rapport, que mes reconnaissances aient rencontré l'ennemi dans la journée. J'ai l'honneur de vous saluer mon cher général avec une haute considération.

signé: Le général
Comte de Wréde.

Le général Baron Corbineau à Monsieur le général de division Comte de Wréde.

Mon général!

En vertu de la lettre que vous m'avez fait l'honneur de m'écrire, je me suis rendu à Porplichtché et envoyé le 8ème régiment de lanciers à Soroki; il y a trouvé les avant-postes ennemis aux-quels il a fait deux prisonniers cosaques qui m'ont fait le rapport suivant: Mille cosaques, 6000 hommes d'infanterie, 10 pièces de canons sont arrivés de Drouya aujourd'hui à Gloubokoë, et se proposent de marcher demain sur Daniélowitsche. Plusieurs partis ont intercepté aujourd'hui la route de Schitsé à Volkolatoui. Je me propose de m'approcher de vous mon général si je peux gagner cette ville. Le 8ème de lanciers n'est pas arrivé, c'est ce qui m'inquiète beaucoup. On n'a point entendu à Dokistoui le canon de Lepel.

J'ai l'honneur de vous prier mon général, de me faire parvenir vos ordres à Volkolata.

J'ai l'honneur d'être avec respect.

signé: Le général
Baron Corbineau.

P. S. Monsieur le colonel Lubiensky a été chassé pas trois escadrons, qui heureusement ne l'ont pas suivi longtemps. Le général russe, qui commande, s'appelle Wlastoff.

Le général Comte de Wréde à son Excellence Monsieur le Duc de Bassano.

Daniélowitscho le 14 Novembre 1812.

Monsieur le Duc!

J'ai l'honneur de communiquer à votre Excellence, ci-joint les dépositions plus détaillées de mon émissaire qui est revenu hier du camp de Monsieur le général Comte Wittgenstein, et dont j'ai fait mention dans le Postscriptum de ma lettre d'hier. J'y ajoûte les dépositions de quatre prisonniers russes, que deux détachements de la brigade du général Baron Corbineau ont fait avant-hier à Ghloubokoë et à Dockschitsoui. Ces dépositions, ainsi que celles de cet émissaire, qui est revenu du camp de Mr. de Wittgenstein, vous confirmeront ce que j'ai toujours dit sur la nombre des forces de l'ennemi.

Un autre émissaire, qui étoit chargé d'aller à Disna est revenu ce matin, et n'a malheureusement été que par Luiskj jusqu'à Jazna. Là, ayant appris qu'un renfort de dix milles hommes de milices et de troupes de ligne devaient y être arrivées avant-hier; jeudi passé, la frayeur l'a pris, il s'en est retourné sans avoir été au lieu de sa destination. Je l'ai fait repartir de suite, et il sera suivi ce soir par un autre, pour que j'aie des nouvelles positives et qu'à leur retour je puisse contrôler les dépositions de l'un et de l'autre. Il serait fort à désirer que les opérations commençassent avant que l'ennemi gagne le tems nécessaire pour faire arriver toute sa milice qui, quoique très mouvaise troupe encore, augmente le nombre de combattans.

Quelque soit la démarche que j'ai déjà faite et malgré que j'ai tous les jours des partis sur la Bérézina pour avoir des nouvelles directes du 2ème corps, je n'en reçois pas, le général Corbineau s'étend autant que possible pour se lier à ce corps, mais tous les efforts ont été inutiles jusqu'à présent. S'il se porte isolément avec sa brigade pour descendre jusqu'à *Borizov*, il risque d'être attaqué chemin faisant par des forces supérieures.

La brigade de Mr. le général baron Francesky vient d'arriver et de prendre des cantonnements serrés dans les environs de Daniélowitsche. La cavalerie est en très bon état, à l'exception que les chevaux sont déferrés, et qu'il faudra au moins 48 heures pour les ferrer à glace. L'infanterie n'est pas dans le meilleur état; je me suis arrangé avec Messieurs les généraux Francesky et Contari, pour qu'une discipline sévère soit maintenue, ce qui est d'autant plus facile, que j'ai réunis assez de vivres et de fourages dans mon magazin d'ici pour faire faire les distributions journalières en règle.

J'ai l'honneur d'être avec respect.

signé: Le général
Comte de Wréde.

P. S. Tous mes avant-postes m'ont rendu compte qu'on a entendu une forte canonnade ce matin à la pointe du jour, et qu'elle a duré jusqu'à neuf heures du côté de *Tschasniki*. Les troupes du général Francesky, qui étoient en marche pour venir ici, ayant entendu la même canonnade, j'ai écrit au général Corbineau de pousser ses reconnaissances le long de la Bérézina aussi loin que possible, pour voir s'il ne trouvera pas moyen de rétablir la communication avec le 2ème corps.

Le général Comte de Wréde à Monsieur le gouverneur général de la Lithuanie, Comte de Hogendorp.

Daniélowitsche le 14 Novembre 1812.

Monsieur le gouverneur général!

Je vous remercie bien Mr. le général de la belle cavalerie que vous avez envoyée ici. Elle fait honneur aux deux majors Freïn et Contant. Je la ménagerai tant que possible. Elle a besoin d'être ferrée à glace; on s'en occupera demain dans la journée. Mr. le général Francesky s'est chargé de faire demain la revue de son infanterie, qui a besoin d'être surveillée, et qui s'est diminuée de plus d'un tiers, depuis son départ de Wilna et de Wileika. Je vous prie d'agréér Monsieur le gouverneur général l'assurance de la considération la plus distinguée avec laquelle j'ai l'honneur d'être.

signé: Le général
Comte de Wréde.

Le général Francesky au général Comte de Wréde.

Kusmitzé le 12 Novembre 1812.

Mon général!

J'ai eu l'honneur de vous rendre compte que ma colonne avait couché le 10 à *Narotch*, attendu que le passage de la Vilia sur des barques, m'avait retardé de quatre heures, j'ai rallié hier les troupes que j'avois à Vileika, et je suis venu coucher le soir à Kusmitzé. J'ai rencontré près de ce village Monsieur le Baron de Voelderndorff, qui m'a remis la lettre que vous m'avez fait l'honneur de m'écrire le 10 du courant. Il m'était impossible de suivre l'Itinéraire que vous aviez la complaisance de m'indiquer: le village où je devais coucher est à trois milles d'ici, et les troupes en avoient fait cinq. Il étoit d'ailleurs cinq heures du soir, et dans cette saison il y a beaucoup d'inconvéniens de faire marcher les troupes dans la nuit. Elles s'arrêtent en détail dans les villages, s'éparpillent, maraudent et ne rejoignent plus. J'ai d'ailleurs des motifs de marcher autant que possible avec beaucoup d'ordre; toute mon infanterie est composée d'hommes appartenants à tous les corps de l'armée, marchant sans connoître ni leurs officiers, ni leurs sousofficiers, et très inclinés à la désertion. Le 6ème bataillon de marche, depuis son départ de Wilna seul a perdu 405 hommes; le 7ème bataillon en a perdu 250. Mr. Voelderndorff vous dira ce que je pense de cette infanterie; il faudroit en former un seul régiment de trois bataillons, dont un composé de vieux soldats français, un de vieux soldats de troupes alliées, et un de recrues, arrivées de l'intérieur. Dans ce dernier il y en a beaucoup qui ne savent pas charger leurs armes et qu'on ne peut présenter à l'ennemi; ce bataillon laissé dans un dépot dans un bon cantonnement pendant quelque temps, pourroit ensuite être utilisé.

Si je vous donne, mon général, des détails peu satisfaisants sur mon infanterie, je crois pouvoir vous féliciter de la cavalerie que j'aurai l'honneur de vous présenter. Elle consiste en trois régiments de marche, dont un de cuirassiers, deux escadrons de dragons, et trois escadrons de lanciers ou chasseurs. Ce sont de belles troupes, bien montées et équipées, composées en partie de vieux soldats, qui ne désirent que de rencontrer l'ennemi. Elles sont bien commandées.

J'irai aujourd'hui le plus loin qu'il me sera possible, mais je doute pouvoir arriver à S. Madziol, parcequ'il y a cinq fortes lieues. Je tâcherai d'être rendu demain au soir, à moitié chemin de S. Madziol à Danilowitz; et le 14 mes troupes seront à votre quartier-général.

Je suis extrêmement flatté, mon général, de me trouver sous vos ordres; quoique l'ordre, qui m'appelle à l'armée me prescrive de me rendre en toute diligence au grand quartier-général, néanmoins j'ai cru devoir me rendre avec empressement à l'invitation de Mr. le général Hogendorp pour vous conduire les troupes qui vous sont destinées. Je vous avoue que celle d'infanterie, telle qu'elle est, n'avoit rien d'attrayant, mais le désir de contribuer aux opérations du 6ème corps, et surtout de me procurer l'honneur d'être connu de vous ont fait taire toute autre considération naturelle dans la position où j'étois à Vilna.

J'ai l'honneur de vous adresser la situation des troupes que je commande.

Je suis avec la plus haute considération

mon général

Votre très humble et très obéissant serviteur

signé: le général Francesky.

Le général Comte de Wréde à Son Altesse Sérénissime le Prince major général.

Daniélowitsche le 17 Novembre 1812.

Monseigneur!

Son Excellence Mr. le ministre Duc de Bassano, ayant eu la bonté de mettre sous les yeux de S. A. les lettres que je lui avois adressées sur ce qui s'est passé dans mes environs, je crois pouvoir me borner dans mon rapport présent de soumettre à V. A. S. l'état de situation des troupes, qui se trouvent réunis ici. Je n'ai pas besoin d'y ajoûter que le meilleur

Situation du 6ème corps à l'époque du 16 Novembre 1812.

Divisions.	Brigades.	Désignation des régiments ou détachements.	Formant bataillons, escadrons ou compagnies.	Hommes.			Chevaux.			Matériel de l'artillerie.
				officiers.	sous officiers et soldats.	total.	de troupe	du train.	total.	
	Brigade commandée par le général Bn. Francesky.	7ème régiment de marche	2 bataillons	64	1971	2035	—	—	—	
		régiment de marche commandé par le major Frein — grosse cavalerie	4 comp.	6	267	273	287	—	287	
		régiment de marche commandé par le major Frein — cavalerie légère	6 comp.	12	496	508	515	—	515	
		régiment de marche commandé par le major Coutard — détachement de chasseurs		14	266	280	303	—	303	
		régiment de marche commandé par le major Coutard — détachement de dragons		10	246	256	268	—	268	
		détachement d'artillerie		1	43	44	—	—	—	4 pièces de 6 et 6 caissons d'approvisionnement.
		do. du Train		1	48	49	3	90	93	
		Total de la brigade		108	3337	3445	1376	90	1466	
28ème division.	3ème brigade commandée par le général Bn. Coutard.	4ème régiment westphalien	2 bataillons	32	1260	1292	18	—	18	
			artil. régim.	1	43	44	1	43	44	2 pièces de 6 et leurs caissons d'approvisionnement.
		1er rég. d'inf. légère de hesse	2 bataillons	34	1134	1168	33	92	125	
		division d'artillerie		4	87	91	6	—	6	4 pièces de 6 et 2 obusiers avec leurs caissons.
		Train		2	78	80	8	136	144	
		Total de la brigade		73	2602	2675	66	271	337	
19ème division.	1ère brigade bavaroise.	1er bataillon léger	1 comp.	5	94	99	—	—	—	
		6ème do.	2 comp.	10	180	190	—	—	—	
		1er régiment de ligne	2 comp.	11	242	253	—	—	—	
		9ème do.	2 comp.	7	167	174	—	—	—	
		Total de la brigade		33	683	716	—	—	—	
	2ème brigade bavaroise.	4ème régiment de ligne	2 comp.	8	133	141	—	—	—	
		8ème do.	2 comp.	5	169	174	—	—	—	
		10ème do.	2 comp.	6	214	220	—	—	—	
		3ème bataillon léger	1 comp.	3	113	116	—	—	—	
		Total de la brigade		22	629	651	—	—	—	
		Total de la division		55	1312	1367	—	—	—	
20ème division.	1ère brigade bavaroise.	2ème bataillon léger	2 comp.	10	222	232	—	—	—	
		2ème régiment de ligne	2 comp.	10	280	290	—	—	—	
		6ème do.	3 comp.	14	346	360	—	—	—	
		Total de la brigade		34	848	882	—	—	—	
	2ème brigade bavaroise.	4ème bataillon léger	comp.	5	91	96	—	—	—	
		3ème régiment de ligne	1 comp.	7	158	165	—	—	—	
		7ème do.	1 comp.	6	151	157	—	—	—	
		Total de la brigade		18	400	418	—	—	—	
	3ème brigade bavaroise.	5ème bataillon léger	1 comp.	6	102	108	—	—	—	
		5ème régiment de ligne	1 comp.	8	185	193	—	—	—	
		11ème do.	1 comp.	6	146	152	—	—	—	
		Total de la brigade		20	433	453	—	—	—	
		Total de la division		72	1681	1753	—	—	—	
	Artillerie bavaroise.	2ème batterie légère	1 comp.	3	56	59	5	—	5	4 pièces de 6 et 2 obusiers avec leurs caissons.
		3ème do.	1 comp.	4	70	74	4	—	4	4 ,, 2 ,,
		4ème do.	1 comp.	4	54	58	6	—	6	4 ,, 2 ,,
		8ème batterie à pied	1 comp.	3	68	71	3	—	3	4 ,, 2 ,,
		Reserve		1	22	23	1	—	1	20 caissons d'approvisionnement.
		Total de l'artillerie		15	270	285	19	—	19	
	Train bavaroise.	2ème léger	—	1	47	48	4	56	60	
		3ème do.	—	1	38	39	11	72	83	
		4ème do.	—	1	41	42	1	64	65	
		8ème à pied	—	—	31	31	1	60	61	
		Reserve	—	—	72	72	2	140	142	
		Total du train		3	229	232	19	392	411	
		Total de l'artillerie		18	499	517	38	392	430	
Gensd'armerie du département de Wilna			1 comp.	2	30	32	33	—	33	
Détachement du 3ème de chevaux-légers bavarois				2	42	44	46	—	46	
la cavalerie bavaroise 5ème de do.				2	44	46	46	—	46	
		Total du 6ème corps		332	9547	9879	1605	753	2358	

esprit règne parmi les troupes, et qu'elles se rendront dignes de l'approbation de S. M. l'Empereur et Roi, si elles reçoivent l'ordre de marcher à l'ennemi.

Quant aux troupes qui m'ont nouvellement rejoint: la cavalerie que le général Francesky m'a amenée est dans le meilleur état, et je tâcherai de la ménager et de la conserver dans cet état; son infanterie avait besoin de quelques changements dans sa formation. Sur la demande qu'il m'a adressée à cet égard, je l'ai autorisée à l'organiser en deux bataillons de guerre, et un bataillon de dépot, qui a besoin d'être employé dans une ville pour y être exercé.

Le général Francesky donne un si bel exemple de zéle et d'exactitude dans le service aux troupes qu'il a sous ses ordres, que je me félicite de l'avoir sous mon commandement et je suis convaincu d'avance que S.M. l'Empereur et Roi sera satisfait des services que le général Francesky et ses troupes rendront.

La brigade du général Baron Coutard, composée du 4ème régiment de ligne westphalien et d'un régiment hessois, est dans un très bel état, et le général Coutard y maintient une discipline sévere et louable. V. A. S. verra dans l'état de situation que le nombre des baïonnettes de mon infanterie bavaroise s'est augmenté beaucoup depuis quinze jours, et il augmenterait de deux milles hommes encore, si les armes ne manquaient pas. J'ai écrit à Mr. le gouverneur général Comte de Hogendorp pour lui en demander, et si je ne peux pas en avoir à Wilna, je ferai tous les sacrifices pour en faire acheter là où j'en pourrai trouver.

J'ai l'honneur d'être avec un profond respect

signé: Le général
Comte de Wréde.

Le Duc de Bassano à S. E. Monsieur le général de cavalerie, commandant le 6ème corps Comte de Wréde.

Wilna le 10 Novembre 1812.

Monsieur le Comte!

Je reçois la lettre que vous m'avez fait l'honneur de m'écrire de Daniélowitsche le 14, et qui m'a été remise par Mr. le Prince d'Oettingen.

La canonnade qu'on a entendue du côté de Tschachniki venait vraisemblablement de l'attaque qui aura été faite le 14 par le 2ème et le 9ème corps. Monsieur le Duc de Reggio m'annonçe par une lettre de Tschereia du 8, qui a été fort retardée, et qui m'arrive au moment même, que dans le mouvement combiné qui devait s'opérer, il ferait un mouvement sur Ragan et Sviada où se trouvent réunies les 6ème et 21ème divisions russes, tandis que le Duc de Bellune marcherait par l'embranchement des deux routes de Krasnoluki sur Lepel et sur Tschachniki. Mr. le Duc de Reggio juge convenable que vous fassiez un mouvement pour vous rapprocher de lui, seconder sa demarche et faire une diversion, ou du moins vous avancer jusqu'à Béréczino pour vous mettre en communication avec lui. Il pensait que de là vous pourriez entendre sa canonnade et agir selon les circonstances.

Ces instructions vous parviendront tard, Mr. le Comte, mais en vous indiquant ce que Mr. le Duc de Reggio attendait de vous, elles vous mettront dans le cas de calculer ce qu'il en attend encore.

Je suis informé par un rapport qui m'arrive de Molodéschno qu'un parti russe, qu'on dit être fort d'un régiment, a dépassé la route de Wilna à Minsk entre Krasnoï et Rodozowitchi. Cette route s'est trouvée ainsi momentanément interceptée le 14. Si ce parti a suivi sa pointe, il a sans doute eu pour objet d'établir des communications entre l'amiral Tschitschagoff et le général Wittgenstein; votre mouvement aurait pu inquiéter et empêcher qu'il réussit.

Le Prince de Schwarzenberg a occupé Slonym le 12 par son avant-garde. Il y était de sa personne avec toute l'armée autrichienne le 14. L'amiral Tschitschagoff avait quitté cette ville le 11. L'armée russe se dirigeait par Polonka sur Niesvij d'où l'on croyait qu'elle marcherait sur Minsk. Le général Regnier était resté en arrière pour faire tête à un corps que commande le général Saken, et qui n'a pas pu rejoindre l'armée.

Je vous envoye Monsieur le Comte une lettre que Monsieur le Duc de Reggio désire faire parvenir promptement à Monsieur le général Corbineau.

J'enverrai dès demain au quartier général du Duc de Tarente le paquet que vous destinez a Mr. le colonel Comte de Buttler.

J'ai l'honneur d'offrir à votre Excellence les nouvelles assurances de ma haute considération.

Le Duc de Bassano.

Le général Comte de Wréde à son Excellence Monsieur le Duc de Bassano.

Daniélowitsche le 17 Novembre 1812.

Monsieur le Duc!

Le rapport du général Baron Corbineau que j'ai eu l'honneur de communiquer avant-hier à votre Excellence, et dans lequel il était question de l'arrivée d'un corps russe à Ghloubokoë, a besoin de quelques rectifications. Le fait est que l'ennemi occupe Ghloubokoë avec 300 cosaques et 3 escadrons de dragons depuis vendredi au soir. Il a fait l'impossible pour réunir une quantité de paysans, pour faire briser la glace du lac, et en retirer les canons qui s'y trouvent; les habitans à cette occasion ont été pillés et maltraités. L'infanterie de l'ennemie est restée en arrière, le gros à Luizky, sa gauche à Plissa. D'après les dépositions ci-jointes de deux cosaques, qui ont été faits prisonniers, son Excellence verra, que ce corps est celui, qui a été précédemment près de Drouia, et avec lequel quelques troupes qui ont été à Disna, paraissent s'être réunies. De tous mes émissaires envoyés à Ghloubokoë, un seul est revenu, qui confirme exactement ce que je viens de communiquer à votre Excellence sur la force et sur la position de ce corps. Les deux émissaires que j'ai envoyés il y a quatre jours à Disna, et dont j'ai fait mention dans ma lettre du 13, ne me sont pas revenus encore. J'en ai fait partir aujourd'hui un 3ème, qui filera le long de la gauche de la Disna. J'ai poussé hier et aujourd'hui de fortes reconnaissances de 100 chevaux jusqu'à Barili, sans qu'on ait rencontré l'ennemi, et il se confirme de plus en plus, qu'il se borne à occuper Ghloubokoë comme avant-poste.

Je joins ici copie d'une lettre du général Baron Corbineau, datée de hier, d'après laquelle on ne veut pas avoir entendu une canonnade du côté de Lépel, et dans laquelle il m'informe qu'il espère, en partant demain par Dolkinow et Borisov, faire sa jonction avec le 2ème corps. J'ai des nouvelles des détachements que j'ai envoyés du côté de Vidzoui: l'ennemi n'a pas occupé cette ville; ils pousseront des reconnaissances jusqu'à Vidzoui, et reviendront après.

P. S. Le Prince d'Oettingen m'arrive avec la lettre dont votre Excellence a voulu bien le charger, en date de hier le 16, et par laquelle elle me fait connaître les instructions de Monsieur le Maréchal Duc de Reggio à l'égard du mouvement que je dois faire pour seconder celui du 2ème et du 9ème corps, qui a dû commencer le 14.

Votre Excellence a été assez juste dans sa lettre de reconnaître elle même, que les instructions à l'égard de ce mouvement à faire, me parviendraient tard, mais elle sera plus juste encore de convenir que depuis qu'un corps russe s'est approché de moi, je ne puis plus marcher sur Béréczino en laissant la route de Wilna libre, ce qui donnerait toute la facilité à l'ennemi de pousser des partis dans la direction de Wilna aussi loin qu'il le voudrait. Il me semble avant tout nécessaire et urgent de marcher sur Ghloubokoë pour bien connaître la force de l'ennemi qui s'est porté là, et qui parait avoir pris position avec tout son corps entre Ghloubokoë et Luisky. Ce n'est qu'après avoir bien reconnu la force et la position du général Wlastow et après l'avoir ou repoussé ou pris des mesures pour le tenir en échec, que je pense me porter, par ma droite, selon les circonstances, soit vers Buichna soit par Ghloulobitschi dans la direction de Kamen.

Comme je ne veux pas perdre un moment pour opérer dans le sens des 2ème et 9ème corps, je me mettrai demain en mouvement, et ce ne sera qu'après demain, qu'arrivé à Ghloubokoë, je pourrai avoir l'honneur de communiquer à votre Excellence la direction ultérieure des mouvements que les circonstances pourraient me dicter.

Votre Excellence a la bonté de croire que mon mouvement aurait pu empêcher un parti russe, qu'on dit fort d'un régiment, de dépasser la route de Wilna à Minsk entre Krasnoï et Rodokowitschi; si elle veut bien revenir sur ses lettres du 11 et du 13, elle trouvera, qu'elle m'y engagait de suspendre tout mouvement jusqu'à l'arrivée des ordres positifs de S. M. l'Empereur et Roi, qu'elle attendait. Je joins ici sous cachet volant mon rapport et l'état de situation pour S. A. S. le prince major général. Je prie votre Excellence d'en prendre connaissance, et de les faire parvenir à leur destination, ainsi que de communiquer au Prince major général les nouvelles que j'ai eu l'honneur de lui donner sur la position ennemie, et le mouvement que je vais faire.

signé: Le Comte de Wréde.

Dépositions de deux cosaques prisonniers.

Daniélowitsche le 16 Novembre 1812.

Premier prisonnier.

L'endroit où il a été pris, de quelle division, de quel régiment?

Il est cosaque, et a été pris à deux lieues de Ghloubokoë. Il appartient au regiment Lazsczili de la division Steinheil.

Les cosaques arrivés à Ghloubokoë, sont ils forts, et d'où viennent-ils?

300 cosaques, 3 escadrons de dragons et 6000 hommes d'infanterie avec 16 canons après avoir couché à Luysky; la cavalerie se portait à Ghloubokoë, l'infanterie restait à Luysky.

Quel général commande le corps?

Le général Wlastow; il a établi son quartier général à Luyski, près de son infanterie.

Depuis quand sont ils partis de Drouja?

C'est depuis 3 jours qu'ils sont en marche de Drouja, après avoir passé déja depuis quelque temps la Duina. Le pont sur cette rivière à Drouja a souffert par la glace, mais il a été racommodé depuis.

S'il ne connaît pas la direction de marche du corps auquel il appartient?

Il sait seulement qu'on a dû marcher à Ghloubokoë.

Si le corps si-dessus-mentionné compte parmi lui des milices ?

Les cosaques n'ont point de milices avec eux, l'infanterie en a, des recrues de la conscription de l'année passée.

Qu'est ce qu'on raconte à l'armée russe ?

On dit que l'armée française a été battue ; au reste on désire la paix.

Quel jour sont-ils arrivés à Ghloubokoë ? Quel chemin ont-ils pris venant de Drouja ?

Ils sont arrivés le vendredi au soir à Ghloubokoë, venant de Droujà par Brody et Luysky.

Comment sont-ils armés ?

D'un sabre, d'une lance et d'une paire de pistolets.

Comment a-t-il été fait prisonnier ?

Il a été envoyé chercher des chevaux, pour pouvoir tirer de l'eau les canons submergés.

Second prisonnier.

De quelle manière l'a-t-on pris ? de quelle division, de quel régiment est-il ?

Il a été pris aux avant-postes près de Ghloubokoë. Il appartient au régiment Lazsczily de la division Steinheil.

Sont ils venus en force à Gloubokoë, et avec de l'infanterie et de l'artillerie ?

Il n'y avoit que 300 cosaques et 3 escadrons de dragons, chaque escadron de 60 à 70 chevaux. L'infanterie forte de 6000 hommes, suivra.

D'où sait il que 6000 hommes d'infanterie et 16 canons suivront le mouvement de la cavalerie?

Il les a vus à Drouja: l'infanterie était en marche; cependant on prétendait qu'elle étoit restée jusqu'à nouvel ordre à Luyski.

Est ce que l'infanterie compte beaucoup de milices parmi elle?

Il y a beaucoup de milices parmi l'infanterie et chaque bataillon en compte jusqu'à 100 hommes.

Où sont ils restés pendant tout l'été passé?

'A Abov, une ville sur la frontière de la Suède, et commandés par le général Steinheil, qui vient d'être nommé Comte.

S'ils n'ont jamais manqué de vivres?

Ils ont été mieux à la frontière suédoise; cependant leur corps reçoit tous les jours ou du pain, ou du biscuit.

Le général Comte de Wrède à Monsieur le général Baron Corbineau.

Daniélowitsche le 11 Novembre 1812.

Monsieur le général!

En vous envoyant la lettre qui m'a été adressée par Monsieur le Duc de Bassano pour vous, je m'empresse de vous prévenir mon chér général, que les 2ème et 9ème corps ayant dû commencer leurs opérations le 14, je me mettrai demain en mouvement pour Ghloubokoë, où tout le 6ème corps se réunira après demain. D'aprés ce que Monsieur le Duc de Bassano m'écrit: Monsieur le Duc de Reggio aurait désiré que je marchasse sur Béréczino. Cela ne me paraissant plus possible, parceque la route de Wilna pourroit être compromise par le corps du général Wlastow, je commence par marcher à lui, et ce n'est qu'après l'avoir ou repoussé, ou laissé un corps pour le tenir en échec, que je pourrai me porter par ma droite vers Pouichna ou dans une direction plus directe ou plus haute vers Kamen. En attendant je pense que vous trouverez moyen mon chér général de vous approcher du 2ème corps, et de prévenir Monsieur le Duc de Reggio du mouvement que je me propose de faire.

J'ai l'honneur d'être avec une haute considération

Le général de cavalerie commandant le 6ème corps,

signé: Comte de Wréde.

Le général Comte de Wrède à son Excellence Monsieur le Duc de Bassano.

Ghloubokoë le 20 Novembre 1812.

Monsieur le Duc!

En communiquant à votre Excellence les dernières nouvelles que m'a adressées le général Baron Corbineau, et dont une grande partie, contenant le rapport du colonel Lubiensky, est certainement bien outrée, j'ai l'honneur de la prévenir que je suis arrivé hier ici vers midi, et que l'ennemi, qui avait occupé cette ville pendant plusieurs jours avec 300 cosaques, autant de dragons et 1000 hommes d'infanterie sous les ordres du colonel Andropov, l'a quitté avant-hier dans la nuit à la hâte; soit qu'il ait été prévenu de ma marche, soit en conséquence d'autres ordres qu'il avait reçu. Pendant son séjour ici il a assez maltraité les habitans, et les a employés ainsi que son infanterie pour mettre à sec l'étang, dont il a retiré quatre pièces de canons.

Avant leur départ d'ici les officiers ennemis ne parlaient que de leur marche sur Wilna, et menaçaient de ne pas laisser pierre sur pierre dans cette capitale. Le soir avant la retraite, ils se disaient qu'ils allaient marcher par Porplichtché pour me tourner dans la position de Daniélowitsche, mais le fait est qu'au lieu de s'avancer ils se sont retirés et même à la hâte sur Louyki, où le général Wlastoff a réuni son corps; et s'est porté, probablement pour me tromper, espérant que je le croirais retiré sur Disna, dans la nuit, par Prozowki à *Koublytschi*, pour renforcer le général Wittgenstein. Cette manoeuvre n'est pas bête; mais, heureusement, je n'en serai pas la dupé.

Arrivé hier ici j'ai naturellement dû poursuivre l'ennemi par la route où il s'est retiré. Mon avant-garde s'est encore portée hier jusqu'en avant de Zaboré, et aujourd'hui jusqu'à Louyki par la gauche; par le centre jusqu'à Plissa; et par ma droite jusqu'en avant de Kowali. Ayant obtenu par ces mesures des nouvelles positives sur la direction que l'ennemi a pris, je me vois dès ce moment maître de mon mouvement, et je marche demain par ma droite sur Gholoubitschi, d'où j'arriverai aprés-demain à Koublitschi pour le trouver et me mesurer avec lui.

Lorsqu'il aura filé de là par sa gauche pour passer l'Uchatz à *Svonia* et renforcer le général Wittgenstein: je le suivrai en prolongeant ma droite aussi loin que possible, pour enfin obtenir des nouvelles directes du 2ème corps, et y faire ma jonction. Il est bien pénible pour moi que de ce côté là aucune nouvelle ne me soit arrivée, ni aucun ordre parvenu, soit par son Excellence Monsieur le Maréchal Duc de Bellune, soit par Monsieur le Maréchal Duc de Reggio.

Son Altesse Sérénissime le Prince major-général m'a fait connaître dans une lettre, datée du 11, que Sa Majesté l'Empereur et Roi a donné les ordres, à LL. EE. Messieurs les Maréchaux d'attaquer vigoureusement l'ennemi, et que je dois recevoir leurs ordres; mais à l'heure qu'il est je n'ai pas reçu un mot, à l'exception de ce que votre Excellence m'a fait l'honneur de m'écrire en date du 16. Dans ma réponse du 17, votre Excellence a vu que dans la disposition de me porter avant le 14 à Béréczino, où l'attaque des 2ème et 9ème corps devoit commencer, ces ordres n'étaient arrivés sous deux points de vue trop tard 1°. parceque si cette attaque a réussi, comme il est à espérer, je serais en partant le 18 de Daniélowitsche arrivé beaucoup trop tard à Béréczino; et 2°. parceque ce mouvement ne pouvoit plus se faire, l'ennemi ayant porté pendant ce temps là des forces sur ce point.

Enfin voyant clair dans ce moment-ci; ma gauche ne courant plus de danger; et n'ayant pas à craindre que l'ennemi puisse détacher des nouvelles forces sur mes derrières, avant que je me sois rapproché du 2ème corps, rien ne peut rétarder ma marche par ma droite.

Il me semble que pour le moment même, m'éloignant d'ici, Wilna n'a plus rien à craindre; et je laisse, pour assurer ce point le plus qu'il est dans mon pouvoir de le faire, 600 hommes bavarois à Daniélowitsche, qui correspondront par leur gauche avec les postes de Vidzoui, et qui par leur droite seront en quelque correspondance avec le mouvement que je dois faire demain.

Je désire vivement de me trouver en état de pouvoir communiquer après-demain à votre

Excellence quelque nouvelle qui pourrait l'intéresser.

J'ai l'honneur d'être avec respect

signé: Le général
Comte de Wréde.

Le Prince major-général à Monsieur le général Comte de Wréde.

Smolensk le 11 Novembre 1812.

Monsieur le général de Wréde; je vous renvoye Monsieur le Prince de Salm. Le quartier-général est à Smolensk. L'armée prend position entre le Dnieper et la Dwina. L'Empereur a donné ses ordres au Duc de Bellune et au Duc de Reggio pour attaquer vigoureusement l'ennemi. Vous êtes sous les ordres des Maréchaux, auxquels l'Empereur a fait connaitre ses intentions.

Vous connaissez Monsieur le Comte, mes sentiments d'attachement et de considération.

Le Prince de Neufchâtel major-général,
signé: Alexandre.

Le général Baron Corbineau à S. E. Monsieur le général Comte de Wréde.

Wolkolata le 18 Novembre 1812.

Mon général!

Malgré que je ne crois pas un seul mot du rapport de Mr. Lubiensky: cependant j'ai cru devoir vous l'envoyer. Il me semble même que chacun qui lui a donné ces nouvelles est un espion russe. Si je peux passer par *Béréczino*, *Pouichna* et *Lepel*, je le ferai, mais j'en doute. J'ai reçu enfin un ordre positif de Mr. le Duc de Reggio, que vous avez eu la bonté de m'envoyer, il est du 9 Novembre. Si l'armée françoise a repris l'offensive le 14, déjà nous aurions su le résultat de l'attaque: cependant d'après l'occupation de Minsk par les russes, cela ne peut plus tarder.

J'ai l'honneur de vous prier mon général, de recevoir de nouveau l'expression de mon respect

signé: Le général
Baron de Corbineau.

Copie d'un lettre de Mr. le colonel Lubiensky datée de Sitzé le 17 Novembre 1812, adressée à Mr. le général Baron Corbineau.

Mon général!

Je puis vous satisfaire complètement tant sur la marche de l'ennemi que sur sa position, en ayant les détails les plus sûrs. Ayant parlé avec un homme venant de Lepel, qui est très porté pour nous; l'armée russe est dans des camps aux environs de Lepel; elle est composée du corps de Wittgenstein, renforcée par le corps du général Steinheil, et de 30 à 40,000 hommes de milices que sont venus le joindre: Elle est forte de 70,000 hommes maintenant encore. *Disna*, *Drouia*, et les bords de la Duna étant occupés pas les milices russes, qui doivent être au nombre de cent vingt mille hommes, dont 30 mille ont joint Wittgenstein et 90,000 sont de l'autre côté de la Duna, ou en marche; ce sont les milices des Gouvernements de *Pskow* ou *Pleskow*; de celui de *Petersbourg* et de celui de Moskau. Le 25 où le 26, le 2ème corps a eu une affaire assez vive avec les russes, il avoit fait embusquer de l'artillerie et de la cavalerie, et on leur a tué plus de 1000 hommes; arrivé à Lepel le commandant du 2ème corps fit placer plus de cent canons au débouché et fit cantonner les troupes dans des baraques, le passage était impossible à forcer: le général Wittgenstein laissa une partie de son corps, commandé par le général Steinheil, devant le débouché, et avec l'autre il marcha sur Kamien pour tourner la position, ce qui force le général-commandant le 2ème corps d'évacuer Lepel, il n'y eut qu'un petit engagement qui n'eut aucune conséquence.

Le 29, 30 ou 31 l'ennemi attaqua le 2ème corps prés Tschasniki. Les français avaient mis des canons au nombre de 25 dans le château de Smolance qui firent un terrible dégât dans les milices que le général Wittgenstein avait envoyé pour attaquer ces batteries. Mais l'artillerie russe alluma le château, et les français en l'évacuant n'ont pas eu le temps de prendre leurs pièces de canon; le 2ème corps après cette affaire se retira à Sienno, où il se réunit au 9ème corps. La dernière bataille qui a eu lieu, n'a été décisive pour aucun parti; les russes sont campés près de Lepel; où ils ont fait des barraques; ils annoncent qu'ils vont y prendre leurs quartiers d'hiver, les français ont 10,000 hommes à Czasniki; 20,000 hommes à Holopienicza où Kolopienicze, et le quartier-général des deux Maréchaux est à Lukomel. Il parait d'après cette position, qui est celle qu'occupe actuellement l'armée, que les russes se sont retirés après la bataille dans leurs camps près de Lepel. L'Empereur était en marche avec 20,000 hommes de Witepsk; les généraux Ertel, Zapolski et Schnatiov, qui sont à Bobruisk, sont entrés en liaison avec le général Tormasov sur la rivière Pina.

Il a couché hier à 4 milles d'ici à *Sklame*, deux de *Dokdcyce*, 1000 cosaques, venant de Bobruisk, pour rejoindre le corps de Wittgenstein à Béréczina, ou il a toujours 3 à 400 chevaux, dont les patrouilles viennent tous les jours aux environs de Dokscyce. Les 1000 cosaques marchent toujours la nuit, ils sont suivis d'une journée par trois escadrons de cavalerie. Ils ont pris en route un courier qui alloit à l'Empereur, et une vingtaine de prisonniers; ils ont repris deux généraux russes prisonniers; ils annoncent le passage de 30,000 homme , ce qui est pourtant difficile à croire.

Il est arrivé hier à Ghloubokoe beaucoup d'infanterie; les vedettes de cavalerie étant à Ghloubokoë ne sont qu'a 3 petites lieues d'ici. Ils établissent de grands magasins à Ghloubokoë et en ont de fort considérables à Zaborzé et à Plissa; ils semblent vouloir établir leurs quartiers d'hivers.

Je reçois dans ce moment votre lettre mon général avec l'ordre de partir demain pour Dolghinof à 7 heures; si vous ne trouveriez pas mauvais, je partirai plus matin ayant l'ennemi fort nombreux tout à l'entour de moi, il serait très possible qu'il veuille tenter quelque chose demain matin; cette nuit encore je redoublerai la surveillance. La route qu'ont pris les 1000 cosaques et ceux qui les suivent, passe à 3 lieues de Dolghinof à la même distance de Buzlau; ils marchaient avec un si grand mystère, qu'à une lieue de là, à Sitzé, le 17 Novembre 1812 cinq heures et demi, personne n'en savait rien.

signé : Lubiensky.

Le général de cavalerie Comte de Wréde à son Excellence Monsieur le Duc de Bassano.

Dockschützoui le 23 Novembre 1812.

Monsieur le Duc!

En accusant la réception de la lettre que votre Excellence m'a fait l'honneur de m'adresser, en date du 19, par Monsieur le major Baron de Gumppenberg, j'espére qu'Elle aura reçue la dépêche que je lui ai expédiée de Ghloubokoë en date du 20, et par laquelle, je lui ai annoncé que j'allais me porter le 21 par ma droite sur Gholubitsche. Arrivé là et ayant poussé le même jour mon avant-garde jusqu'à Zavasia, j'ai appris que l'ennemi avait filé par Uchatz, ce qui était conforme aux dépositions de 6 prisonniers de différentes armes que mes reconnaissances avaient ramassés la veille. De mes espions je n'ai pas pu avoir des nouvelles, parceque l'ennemi m'en avait arrêté les jours précédents trois dans les environs de Ghloubokoë et de Loujski, et en avait pendu un à ce dernier endroit. Ayant enfin des éclaircissements sur la marche de l'ennemi, elle se trouve justement telle que j'ai dû le désirer. Car si j'avais eu les mains libres, j'aurais pu marcher sur ses derrières, ou bien j'aurais pu lui rompre le pont sur l'Uchatz, et me porter avec rapidité sur Disna: où il a des ponts, et faire une expédition sur son grand parc, qu'il a foiblement gardé près de Valentzoui, et porter la terreur sur la rive droite de la Dwina; mais j'ai dû renoncer à ce beau projet, devant craindre que Monsieur le Maréchal Duc de Reggio, qui, conformément à la lettre de votre Excellence du 16, a désiré que je m'approche de Béréczino, pour attendre son coup de canon qui devait commencer le 14, ne puisse me reprocher de n'avoir pas suivi cette instruction et d'avoir préféré d'agir d'après d'autres vues que j'ai cru exécutables. J'ai donc fais hier un mouvement par mon flanc et je suis arrivé à l'aide d'une marche forcée ici. L'ennemi qui avait occupé à différentes reprises cette ville, l'a abandonnée hier matin, après avoir évacué et conduit à Lepel le magasin qui se trouvait ici. J'espérais trouver quelques renseignements sur les mouvements des 2ème et 9ème corps, mais à en juger d'après les dépositions ci-jointes d'un paysan, qui est revenu vendredi passé de Lepel, il parait, que l'attaque générale projettée pour le 14, n'a pas encore eu lieu, ou qu'elle n'a pas eu des suites prononcées. Enfin, le général Francesky attaquera demain le poste que l'ennemi doit avoir à Béréczino, et y tirera dans tous les cas quelques coups de canons, pour donner connaissance au 2ème corps, que je suis à la hauteur qui me fut désignée. Ayant trouvé un homme, qui s'est offert de porter de mes nouvelles au Maréchal Duc de Reggio, je l'ai chargé du billet dont je joins copie ici:

Copie du billet envoyé par le paysan Jaques Klinski au Maréchal Duc de Reggio expédiée de Dockschützoui le 23 Novembre 1812.

»Je suis arrivé hier à la hauteur qui m'a été indiquée »par Monsieur leDuc deBassano dans une lettre datée »du 16 Novembre, et qui ne m'est parvenue que le »17, d'après laquelle les 9ème et 2ème corps auraient »dû commencer leur attaque ce 14.

»Les motifs qui ont dû m'engager de commencer »par faire une marche sur Ghloubokoë avant de me »porter ici, seront connus à votre Excellence par »Monsieur le Duc de Bassano. Demain je ferai atta-»quer le poste de Béréczino, espérant que vous en-»tendrez le canon qu'on va tirer. Si d'ici au 25 au »soir je ne reçois pas des nouvelles de votre Excellence »ou des ordres positifs, je ferai un autre mouvement, »pour marcher sur les derrières de l'ennemi.« etc. etc.

Il est bien pénible et désagréable pour moi, après tant d'efforts que j'ai déjà fait de mon coté, pour avoir des nouvelles du 2ème corps, que je ne peux recevoir aucune instruction positive de leurs Excellences Messieurs les Ducs de Bellune et de Reggio. Si d'ici au 25 au soir l'émissaire, que j'ai envoyé aujourd'hui à Tschereia, ne m'apporte aucun ordre, je crois mieux faire de manoeuvrer sur les derrières de l'ennemi. Par les marches et contre-marches beaucoup de temps se perd, les maladies affoiblissent tous les jours le nombre des combattants et aucun mouvement sérieux et décisif n'en resulte. Si par hazard votre Excellence, à l'arrivée du Prince de la Tour, aurait quelques nouvelles du 2ème ou 9ème corps, je la prie de le réexpédier le plustôt que possible, ainsi que je la suplie de communiquer la présente à son Altesse Sérénissime le Prince major-général.

En attendant j'ai l'honneur d'être avec respect

signé: Le général
Comte de Wréde.

Dépositions du paysan Jean Katschan natif de Borsukow, conduisant un charriot chargé de légumes secs au magasin russe à Lepel.

Dockschützoui le 23 Novembre 1812.

Quand est-il parti d'ici, et quel jour est-il revenu?

Il est parti d'ici pour Lepel le 17, et reparti dans la nuit du 19 au 20 du dernier endroit par Buchnia, Tolstoi.

Combien de charriots les cosaques ont-ils ammenés avec eux?

Les cosaques ont emmené 31 charriots, mais la plus grande partie des paysans qui les conduisaient, ont pris la fuite, en laissant chevaux et charriots.

Quel chemin le convoi a-t-il pris pour aller à Lepel?

Il a passé sous l'escorte d'un détachement de cosaques pas Czernitze, Waschilewski à Tolstoi.

A quel endroit à Lepel a-t-on déchargé les chariots?

On les a déchargés près de l'église et près du logement du général russe.

A-t-il vu des troupes russes à Lepel, et en quelle force?

Le paysan a vu 10,000 hommes d'infanterie, la plus grande partie des milices à Lepel; les derniers avaient l'air de paysans. Il y avait aussi de la cavalerie, savoir: des dragons, des cuirassiers et des cosaques, mais il ignore leur force.

A-t-il vu de l'artillerie à Lepel?

Dans la partie de la ville au delà de l'Oula il a vu 16 canons, qu'il a bien compté.

Quel général commande les russes à Lepel?

Le paysan ignore son nom, cependant il l'a vu à cheval.

A-t-il trouvé beaucoup de russes chemin faisant de Lepel à Dockschützoui?

Chemin faisant de Lepel à Dockschützoui le dernier piquet russe se trouve à Buchnia: sans cela on ne voit plus de russe sur toute la route.

Est ce qu'il a resté longtemps à Lepel?

Il est arrivé jeudi, le 19 Novembre à Lepel, et il est reparti pour Dockschützoui le même jour au soir.

Les troupes russes à Lepel ont-elles été en cantonnements ou au bivouac?

L'infanterie russe est au bivouac, la cavalerie en cantonnements dans les villages voisins.

Ne sait-il pas s'il y a des troupes russes à Tschasnicki?

N'ayant pas été à Tschasniki, il ignore absolument s'il y a des troupes russes à Tschasniki.

N'a-t-il rien entendu de l'armée française, et à Lepel, ou chemin faisant d'ici à cette ville, ou en retournant à Dockschützoui, n'a-t-il pas entendu une canonnade?

Il ne sait rien de l'armée française. À Lepel on l'a questionné, au contraire, pour en avoir des nouvelles, et ne sachant répondre d'une maniere satisfaisante, on l'a maltraité. Quant à la canonnade, il n'a rien entendu; un paysan de Zamoschne au contraire, chez lequel il a passé la nuit, prétend avoir entendu une canonnade il y a samedi huit jours mais ne sachant où.

Les paysans de tout le voisinage se plaignent généralement de la mauvaise conduite des cosaques, qui pillent et dévastent tout.

Le général Comte de Wrède à Monsieur le colonel Bonin, commandant à Vitzoui.

Dockschützoui le 23 Novembre 1812.

Monsieur le colonel!

Monsieur le gouverneur-général de la Lithuanie Comte de Hogendrop m'écrit en date du 19, que vous avez reçu l'ordre de vous établir à Vitzoui, et d'exécuter les mouvements que je vous ordonnerai.

Je vous préviens que la direction d'un corps ennemi qui se trouva, il y a quatre jours, entre Ghloubokoë et Loujski, et qui lorsque je m'approchai de lui pour l'attaquer, s'est retiré par sà gauche sur Uchatz, pour renforcer le général Wittgenstein, m'a engagé de me porter hier avec le 6ème corps ici, pour faire attàquer demain le poste que l'ennemi occupe à Béréczino et l'inquiéter sur ce point là, et en même temps, s'il est possible, établir une communication avec le 2ème corps.

Cette expédition faite, je remonterai soit vers la ville d'Uchatz soit vers la Disna. Il est donc sous tous les rapports nécessaire, que vous tâchiez de vous maintenir à Vidzoui à moins que des forces supérieures ne vous forcent d'abandonner cette ville.

Toutes les nouvelles que j'ai portent, que l'ennemi à très peu de forces dans ce moment-ci du côté de Drouja. Si vous en avez des nouvelles contraires, communiquez les moi par Monsieur le lieutenant Baron de Mentzingen, porteur de celle-ci, par lequel vous voudrez bien en même temps m'envoyer l'état de situation des troupes que vous avez sous vos ordres.

Jusqu'à nouvel ordre vous m'enverrez, Monsieur le colonel, vos rapports par Ghloubokoë.

J'ai l'honneur de vous saluer avec une haute considération

Le général de cavalerie, commandant
en chef le 6ème corps
signé: Comte de Wréde.

Le général Comte de Wréde, à Monsieur le major Coudras, commandant supérieur à Ghloubokoë.

Dockschützoui le 23 Novembre 1812.

Monsieur le major!

Je vous préviens que je fais attaquer demain le poste que l'ennemi occupe à Béréczino, pour lui donner des inquiétudes de ce côté-là, et pour établir, s'il est possible, une communication avec le 2ème corps. Cette expédition faite je remonterai avec tout le 6ème corps, soit vers Uchatz, soit vers la Disna. Il est donc urgent que dès ce moment-là vous vous occupiez à réunir de l'eau de vie, et de l'avoine à Ghloubokoë, et des farines pour en faire faire du pain au reçu de mes nouvelles.

Le poste de Vitzoui est occupé par Monsieur le colonel Bonin, et je lui expédie dans ce moment-ci un courier avec l'ordre de s'y maintenir et de m'envoyer à l'avenir ses rapports par Ghloubokoë.

Sa Majésté l'Empereur fait dans ce moment-ci un grand mouvement, sa droite à Wittepsk, sa gauche sur Orscha. Tout annonce que dans peu de jours, je pourrai vous communiquer des nouvelles très agréables.

J'ai l'honneur de vous saluer avec une grande considération.

Le général de cavalerie, commandant
le 6ème corps
signé: Comte de Wréde.

Le major Coudras à son Excellence le général de cavalerie Comte de Wréde, commandant le 6ème corps.

Ghloubokoë le 27 Novembre 1812.

Monseigneur!

L'ordre, que vous m'avez donné pour l'évacuation des malades a été exécuté dans la matinée du 24, le nombre était de 110; je les ai fait diriger sur Daniélowitsche, il en est arrivé, dans les journées du 24, 25 et 26, 104, non compris 60 convalescens, qui se trouvent chez les habitans.

Le grand hopital sera en état pour le 1 Novembre, de recevoir 450 malades; on y travaille tous les jours.

J'ai l'honneur de faire la demande à votre Excellence de 50 à 60 hommes d'infanterie, en état de faire le service; il est impossible, que je puisse le faire avec 25 hommes obligé d'accompagner les militaires évacués. Des 18 gensd'armes, que vous avez laissés à Ghloubokoë, deux se sont laissé prendre hier en allant à la découverte sur Kublicze, six sont malades, et les autres sont employés à faire rentrer les réquisitions et les voitures pour l'évacuation des malades qui, j'espère, aura lieu le 28 ou 29. Vous voyez Monseigneur, que 50 à 60 hommes deviennent absolument indispensables, pour mettre Ghloubokoë à l'abri d'une patrouille de 25 à 30 cosaques. Ce nombre suffirait pour donner l'épouvante surtout de nuit, et faire prisonnier le major commandant d'armes et le conduire en Sibérie.

Une lettre, venant de Drouja, adressée à Monsieur le sous-préfet, sous la date du 25, annonce, que huit à dix mille russes doivent passer la Dwina le 26 pour se porter sur Lepel.

Je supplie votre Excellence, d'avoir la bonté de me faire une réponse, et de se servir du retour de celui qui vous remettra la présente.

J'ai l'honneur d'être Monseigneur

votre très humble serviteur

signé: le major Coudras.

Le colonel Bonin à Monsieur le général Comte de Wréde.

Vidzi le 25 Novembre 1812.

Monsieur le général !

Très honoré de me trouver sous vos ordres, Mr. le général, j'ai l'honneur de votre remettre, ci-joint, la situation des troupes sous mes ordres à l'époque d'aujourd'hui.

Je suis rentré avant-hier à Vidzy, et certainement je ferai mon possible pour maintenir ma position, mais j'ose vous représenter, Monsieur le général, que je suis réellement très peu en force, surtout en égard de cavalerie. Je ne tiens que trente gens-d'armes, mal montés, plus mal armés encore, et proprement bons à rien; j'en ai fait l'expérience le 31 d'Octobre. Je ne puis absolument m'en servir, que pour les mettre en piquets tout près de la ville; il n'y a pas à s'y fier, pour les envoyer en découverte, de sorte que pour m'éclairer il ne me reste d'autres moyens que de me servir d'espions, et de correspondre.

Le bataillon du 19ème régiment polonais que je tiens, n'est pas du tout instruit encore, et non uniformé; cependant je crois être persuadé qu'il fera son devoir en cas d'événement, d'autant plus que son pag. 126.

Place de Vidzy.

Situation des troupes, composant la garnison de la Place; à l'époque du 26 Novembre 1812.

Désignation des corps et armes.	Présent sous les armes, combattans en ligne.				Chevaux.			Observations.
	officiers	sous-officiers	troupes	total	d'officier.	de troupe et de train.	total.	
Bataillon de Mecklenbourg Strelitz, auquel sont réunis 45 sous-officiers et soldats isolés, français et bavarois, presque tous convalescens.	7	16	142	165	7	16	23	2 Sergeants, 7 hommes à l'hôpital du lieu, 2 Sergeants, 24 hommes à l'ambulance de Swentiani. 12 hommes malades au quartier; 2 Sergeants, 27 hommes restés en arrière pendant la marche de Swenciani, à Vidzy, et 2 officiers de santé, ne sont pas compris, dans les présent sous les armes.
2ème bataillon du 19ème régiment d'infanterie de ligne polonais.	10	49	328	387	4	4	8	Ne sont pas compris: 3 officiers, 40 soldats malades à Swentiani, et 60 sous-officiers et soldats malades dans la place chez les habitans.
Gensd'armes lithuaniens.	2	4	24	30	6	28	34	Mr. le chef d'escadron Radischewsky; arrivé hier soir, et un officier malade ne sont pas portés dans les présens; idem: le trompette et un fourrier.
Gensd'armes de Braslow.	1	1	5	7	1	6	7	
Total	20	70	449	589	18	54	72	

Certifié véritable par Nous colonel-gouverneur de Vidzy

signé: Bonin.

commandant est un officier de mérite et fort instruit. Les deux autres bataillons de ce régiment se trouvent à quatorze lieues d'ici, à Swentziani.

Si le poste de Vidzy devient de quelque conséquence, il serait à souhaiter qu'on me fournisse au moins cent hommes de bonne cavalerie, pour pouvoir me mettre à l'abri de toute surprise; il n'y a qu'une surprise que je craigne, et pourtant dans ma situation présente, il est fort difficile de l'éviter, en cas que l'ennemi voudrait tenter un second Hurrah sur Vidzy. J'en ai fait les représentations à Monsieur le gouverneur général, mais envain. C'est à présent à votre Excellence que j'adresse mes réclamations. Veuillez mon général, s'il est possible, me faire parvenir les moyens nécessaires, et je ne négligerai certainement rien pour maintenir ma position, et pour me rendre digne de l'honneur de me trouver sous vos ordres. Mais j'ose réitérer l'observation, que pour le moment je ne me trouve réellement pas en mesures de pouvoir garantir tout événement.

Selon mes nouvelles il y a à *Drouja* pour le moment tout au plus 70 hommes de cavalerie, qui poussent leurs patrouilles jusqu'à *Braslaw*, *Jacoubowo*, et même le 18 il en est passé, et bientôt repassé une, fort tranquillement et sans arrêter, à *Opsa*; mais depuis ce temps, l'on n'a pas vu d'ennemi à ce dernier endroit.

Le Prince Radzivil a quitté, il y a à peu près douze jours, Dunabourg, pour se rendre à *Illuxt*, d'où le général Grandjean est parti pour se porter vers Riga. Le 28 un corps russe, dont on ne connait pas les forces, doit être entré à Dunabourg; une patrouille, venant apparemment de ce dernier endroit, s'est présentée le 23 à *Drisviati*.

C'est en attendent les ordres ultérieurs de votre Excellence, que j'ai l'honneur d'être avec le plus profond respect

Monsieur le général

votre

très humble et très obéissant serviteur

signé: Bonin,

Colonel commandeur le bataillon contingent de Mecklenbourg-Streliz, gouverneur de Vidzy.

Le Duc de Bassano à S. E. Monsieur le général Comte de Wréde.

Wilna le 19 Novembre 1812.

Monsieur le Comte!

J'ai reçu la lettre que vous m'avez fait l'honneur de m'écrire de Daniélowitsche le 17. J'attends les nouvelles que vous m'annoncez sur votre mouvement dans la direction de Ghloubokoë pour vous assurer de la force et de la position du corps ennemi qui parait avoir pris position entre Ghloubokoë et Loujski. Si ce corps n'est pas plus considérable qu'il ne semble l'être, nous serons sous très peu de jours et nous pouvons même nous regarder dès aujourd'hui, comme n'en ayant rien à craindre.

Je remercie votre Excellence des divers renseignements qu'elle m'envoye et je la prie de continuer à me communiquer tous les détails qui lui procureront les moyens d'information qu'elle a établis.

Je n'ai point de nouvelles positives ni du 9ème ni du 2ème corps. Je sais seulement que par le retour d'un aide de camp qui avait quitté le 9 le Duc de Bellune, et qui était le 11 à Smolensk, S. M. a renouvellé les ordres positifs qu'Elle avait déjà donnés. Les dernières lettres que j'ai reçues sont du 14. S. M. allait partir de Smolensk pour se porter sur Orcha.

J'apprends par une lettre du gouverneur de Minsk, datée de Smolensk du 16, qu'il a été obligé de se retirer devant des forces supérieures.

Le prince de Schwarzenberg qui avait toute son armée réunie dans Slonim le 14, a été arrêté dans sa marche par la présence d'un corps de 22,000 hommes, qui n'ayant pu rejoindre l'amiral Tschitschagoff se trouvait sur les derrières de l'armée alliée. Ce corps a déjà été entamé le 16 dans une affaire assez vive, qu'il a eu avec le général Regnier. Les dispositions qui ont été faites autorisent à penser qu'une affaire générale aura lieu aujourd'hui ou demain. On regarde du moins comme certain, que si ce corps s'échappe, il ne pourra se retirer que sur la Volhynie.

J'ai l'honneur d'offrir à votre Excellence les nouvelles assurances de ma haute considération

signé: Le Duc de Bassano.

P. S. J'ai fait passer au Prince de Neuchâtel le rapport et les états de situation que vous m'avez envoyés pour lui.

Le Duc de Bassano à son Excellence Monsieur le général Comte de Wréde.

Wilna le 27 Novembre 1812.

Monsieur le Comte!

J'ai reçu la lettre que votre Excellence m'a fait l'honneur de m'écrire de Dockschitzoui le 23, et qui m'a été apportée par le Prince de la Tour; je m'attends à recevoir bientôt la nouvelle du mouvement que vous avez résolu de faire le 25, si des ordres, ou des nouvelles ne changent pas vos dispositions.

Je suis toujours sans aucune communication; soit avec la grande armée, soit avec le 2ème et 9ème corps; je ne puis donc vous procurer aucun renseignement vraiment util; j'ai envoyé un grand nombre d'officiers et d'agents qui m'ont promis de faire tous leurs efforts pour arriver au grand quartier général, et qui y sont excités par l'espoir de récompenses de tous genres.

Le général Regnier a continué la poursuite du corps du général Saken, et lui a fait encore éprouver des pertes sensibles. Je pense que le corps ainsi réduit pourra être facilement contenu, et que le Prince de Schwarzenberg aura repris sa direction sur Slonim, et se sera remis à la poursuite de Tschitschagoff, dont l'armée, diminuée par la séparation du corps de Saken, n'est plus que de 30, à 35 mille hommes.

Le Duc de Tarente a eu dans les journées du 15 au 20 de fort belles affaires avec les troupes que le Marquis Paulucci avait fait sortir de Riga; le nouveau gouverneur s'était flatté de justifier par un succès marquant la disgrace de son prédécesseur. Il n'a obtenu que des revers.

Le Duc de Tarente l'a laissé s'engager, et dans une espèce de traque générale, il lui a détruit 7 à 8 bataillons, dont les uns ont été tués, blessés, noyés et dispersés, et lui a pris plus de 2000 hommes.

Il a donné ordre au général Grandjean de se concentrer. Le général gardera provisoirement Jacobstadt et Friedrichstadt, Neu-Subar, Oknisty, Nesfa-Wing, Eckengraven, et Gross Ruschoe.

La Duina sera observée par des colonnes mobiles.

Les bavarois se sont conduits avec la plus grande distinction. Le paquet que votre Excellence m'avait envoyé, est parvenu à sa destination.

J'ai l'honneur de renouveller à votre Excellence l'assurance de ma haute considération.

signé: Le Duc de Bassano.

Le général Comte Hogendorp à Monsieur le général Comte de Wréde.

Wilna le 19 Novembre 1812.

Monsieur le général!

Aussitôt que j'ai reçu la lettre, que vous m'avez fait l'honneur de m'écrire le 17 de ce mois, j'ai donné l'ordre au commandant de l'artillerie de la Lithuanie de faire mettre à votre disposition les armes qu'il avait de disponibles, et il vous fera délivrer pour vos troupes 1000 fusils, dont Mr. le major Gumpenberg a donné un bon.

Les troupes qui se trouvent à Swenciani ont reçu l'ordre de se porter à Vidzi. Le colonel Bonin, qui les commande, exécutera le mouvement que vous lui ordonnerez.

Partie de la route de la grande armée, est interceptée dans ce moment; il parait que l'armée de l'amiral Tschitschakow s'est portée sur ce point. Le prince de Schwarzenberg le suit d'après les nouvelles, que j'ai reçus à l'instant. Le général Mohr me marque que le général Regnier a battu le corps russe qui était resté sur les derrières de nos corps d'armée, et qu'il lui a fait deux mille prisonniers.

J'ai envoyé sur la route de Minsk une colonne, composée de trois régiments de marche d'infanterie, et de quelque cavalerie, pour aller rétablir la communication, si l'ennemi n'a occupé Minsk qu'avec de la cavalerie,

J'ai l'honneur de vous renouveller Monsieur le général l'assurance de ma considération distinguée.

Le général de division,
aide de camp de l'Empereur,
gouverneur général de la
Lithuanie

signé: Comte de Hogendorp.

Le général Comte de Wréde à Monsieur le général Baron Francesky.

Dockschützoui le 23 Novembre 1812.

Monsieur le général!

Je trouve nécessaire de faire faire une forte reconaissance sur Béréczino, pour chasser l'ennemie s'il y est. Je vous engage donc, mon cher général, de réunir demain à la pointe du jour votre cavalerie ici, et de vous diriger sur la route de Béréczino. Vous laisserez à quelques lieues d'ici la cavalerie du major Contant, pour soutenir votre mouvement; avec celle du major Frin et une demie batterie bavaroise, que je mettrai encore aujourd'hui en mouvement ou à votre disposition, vous vous porterez jusqu'à Béréczino pour y chasser l'ennemi, et vous vous replierez ici vers le soir.

En cas même que vous ne trouviez pas l'ennemi à Béréczino, je trouve bon et nécessaire, que vous fassiez tirer douze coups de canon, dans la direction de Tschereia, qui serviront de signal au 2ème corps, que je viens de prevenir tout à l'heure de notre position, par une lettre expédié par un émissaire sûr.

J'ai l'honneur de vous saluer avec une haute considération.

signé : Le général
Comte de Wréde.

Le général Comte de Wréde à son Excellence Monsieur le Duc de Bassano.

Dockschützoui le 27 Novembre 1812.

Monsieur le Duc!

À peine Monsieur le major Prince de la Tour et Tassis fut-il parti le 23, avec la dernière dépêche, que j'ai eu l'honneur d'adresser à votre Excellence, que j'ai appris ce qui s'est passé les 20 et 21 à Borisow. Comme l'on m'avait prévenu que le général russe Lambert marchait par Zembin pour se diriger sur ce point-ci, j'ai donné l'ordre au général Francesky, qui a marché le 24 sur Béréczino, de bien s'éclairer sur sa droite, et de revenir le soir sur la grande route, jusqu'au point où la route de Borisow et de Zembin aboûtit, auprès de Rachkova.

L'ennemi, qui n'avait que des postes faibles, s'était retiré de Béréczino, à l'approche du général Francesky, par la route de Pouichna. 12 coups de canon furent tirés dans la direction de Tschereia, pour servir de signal au 2ème corps, que le 6ème était à la hauteur que S. E. lui avait indiquée dans sa lettre du 16.

Ce ne fut qu'hier, que, par deux de mes émissaires, revenant de l'armée de Wittgenstein, et dont je joins les dépositions ici, sous les Nos 1 et 2, j'ai appris qu'à la suite d'une affaire, le 2ème corps doit avoir évacué Tschereia; ce qui paraît d'autant plus probable, par ce que l'émissaire que j'ai envoyé le 23, d'ici, à S. E. Mr. le maréchal Duc de Reggio, n'est point encore de retour à l'heure qu'il est; ce qui pourrait pourtant être, s'il avait trouvé le 2ème corps dans les environs de Tschereia. Le 24 au matin, j'ai expédié un émissaire à Borisow, avec l'ordre de créver tous les chevaux, pour m'apporter des nouvelles si l'ennemi allait diriger des forces vers Vileika, parceque, dans ce cas-là, j'aurais marché à lui. Cet émissaire n'est également pas de retour, à l'heure qu'il est; ce qui m'a engagé à le faire suivre par deux autres, dans la journée d'hier.

Depuis que j'ai eu la nouvelle que l'ennemi occupait Borisow, je ne puis plus marcher sur les derrières du général Wittgenstein, à moins que quelques nouvelles des 2ème et 9ème corps, ou de la grande armée ne me parviennent et que je puisse juger où mon petit corps poura rendre des services. En attendant, il se fond par les maladies qui font des progrès: la brigade du général Coutard s'est diminuée d'un quart dans l'espace de 8 jours, et la cavalerie française a plus de 300 malades. La physiognomie des soldats westphaliens et hessois a tellement changé depuis 8 jours, quoique tout le corps reçoive régulièrement les rations, qu'il est à craindre que le nombre des présens sous les armes ne se diminue sensiblement sous peu de temps.

Depuis hier, l'ennemi nous approche par la route de Lepel et de Tscharnitse; il occupe ce dernier endroit, et envoit des patrouilles à Béréczino, mais rien n'annoncé encore, qu'il fasse marcher des forces; ce que je voudrais, pour qu'il détachât de ses forces qu'il a contre les 2ème et 9ème corps.

Un de mes officiers d'ordonnance, que j'ai expédié en courier, au colonel Bonin à Vitzoui, m'a rapporté la lettre, dont je joins copie ici, sous le Nro 3. — Votre Excellence y verra, ce qu'elle saura peut-être déjà, que Dunabourg a été évacué par le 10ème corps. Il paraît donc qu'on renonce à se maintenir sur la Duina.

Le colonel Bonin paraît inquiet pour son poste à Vitzoui; aussi longtems que l'ennemi ne réunira pas de nouvelles forces près de Drouja, il n'a rien à craindre et il est essentiel qu'il y soit maintenu le plus longtemps possible, du moins aussi longtemps que nous occuperons Ghloubokoë et Daniélowitsche.

Votre Excellence conviendra avec moi que ma position devient de jour en jour plus pénible et plus désagréable parceque je ne puis obtenir aucune nouvelle des 2ème et 9ème corps et que je ne peux pas manoeuvrer en l'air pour ne pas compromettre un corps qui, quoique peu nombreux, et se fondant tous les jours par les maladies, peut cependant rendre de grands services dans un jour de combat, ou de bataille générale.

J'expédie avec ma présente dépêche Monsieur le capitaine Prince d'Oettingen, et supplie V. E. de vouloir bien me donner le plutôt possible, des nouvelles qui puissent m'interésser et régler les mouvemens que je dois faire.

J'ai l'honneur d'être avec respect

signé: Le général
commandant en chef le 6ème corps,
Comte de Wréde.

P. S. Dans ce moment-ci arrivent deux commissaires polonais, ci-devant préposé aux vivres à Borisow, qui donnent les nouvelles ci-jointes sous le Nro 4.

En même tems l'officier qui commande mes avant-postes à Rachkova, me rend compte que l'ennemi a poussé hier des reconnaisances de Zembin jusqu'au delà de Zamostotsche. Je ferai partir demain une forte reconnaissance sur la même route.

Paraphé: Wréde.

P. S. à 4 heures après midi:

Le 1er émissaire expédié le 23 sur Borisow, vient de rentrer; moins courageux qu'il aurait dû l'être, il n'a pas été plus loin que Zembin, où il a trouvé l'ennemi; et il donne les dépositions que V. E. trouvera sous le Nro 5.

Comme il me paraît, plus que jamais urgent, d'avoir des nouvelles de la grande armée, ou des 2ème et 9ème corps, il partira, cette nuit-ci, un émissaire qui se rendra d'abord chez le général Dombrowski à Borisow, et delà au grand quartier impérial porteur de billets de moi.

Je joins en même tems sous Nro 6, copie d'un rapport qui vient de m'arriver de Monsieur le major Coutras de Ghloubokoë, d'après lequel 8 à 10,000 russes doivent avoir passé avant-hier la Duina à Drouja, pour se porter à Lepel. — Supposé que cette nouvelle soit vraie, ce ne peuvent être que des milices.

Paraphé: Wréde.

Le général Comte de Wréde à son Excellence Monsieur le Duc de Bassano.

Dockschützoui le 29 Novembre 1812.

Monsieur le Duc!

Le Prince de la Tour et Taxis m'a apporté cette nuit, la lettre que votre Excellence m'a fait l'honneur de m'adresser, en date du 27 au soir.

Hier le matin, vers les 10 heures, arriva chéz moi Monsieur le lieutenant Stenofski du 8ème de lanciers, porteur de dépêches pour S. M. l'Empereur et Roi dont votre Excellence l'avait chargé. Je lui ai donné un homme sûr pour l'accompagner, et le conduire, s'il est possible, par des chemins de traverse, au quartier-général de Sa Majesté.

Je lui ai donné en même tems de ma part pour son Altesse Sérénissime le Prince major-général, le billet, dont voici la teneur:

„Dockschützoui le 28 Novembre 1812.

»Monseigneur!

»Je profite de l'occasion du porteur pour rendre »compte à votre Altesse Sérénissime que je suis, de»puis le 23, à la hauteur qui m'a été indiquée, pour »seconder les opérations du 2ème et 9ème corps. J'ai »fait tirer le canon à Béréczino pour annoncer mon »arrivée, mais aucune nouvelle ni aucun ordre ne me »parvient de LL. EE. les Maréchaux com»mandants les 2ème et 9ème corps.

»J'ai chargé le porteur de rendre compte verba»lement à votre Altesse Sérénissime de ma position »et de celle de l'ennemi. Pour le cas que ce rapport »ne parvienne pas à votre Altesse Sérénissime j'en »expédierai aujourd'hui, dans l'aprés-diner, un

»second, par un homme sûr, qui prendra une autre »route que le premier.

»J'ai l'honneur d'être etc. etc.«

Une heure après son départ, j'ai fais partir un homme sûr, en lui donnant d'avance une grande récompense et lui en promettant une seconde à son retour, s'il passait avec le billet pour son Altesse Sérénissime le Prince major-général et m'en rapportait une réponse. Copie du billet que voici:

„Dockschützoui le 28 Novembre 1812.

»Monseigneur!

»Dans l'incertitude si l'officier qui est parti d'ici, il »y a une heure, avec une petite dépêche de moi pour »votre Altesse Sérénissime et une de son Excellence »Monsieur le Duc de Bassano pour Sa Majesté l'Em»pereur et Roi, arrive à sa destination, je lui expédie »le porteur de celle-ci, un homme sûr, pour lui »dire que, depuis le 23 je suis à la hauteur qui m'a »été désignée par Monsieur le Duc de Bassano, en »vertu d'une lettre que Monsieur le Maréchal Duc »de Reggio lui avait écrite.

»Tous les efforts que j'ai faits depuis, pour rece»voir des ordres de MM. les Maréchaux Ducs de »Bellune et de Reggio, ont été envain.

»Je m'étais proposé de marcher sur les derrières »de l'ennemi; mais depuis qu'il a occupé en force »Zembin et Borisow, sur la rive droite de la Béréczina, »je crois mieux faire d'observer ses mouvemens et de »marcher à lui, s'il se porte sur Vileika, ou s'il veut »faire sa jonction avec Wittgenstein, en longeant la »droite et la Béréczina.

»Je désire vivement d'obtenir des ordres positifs, »soit de Son Altesse Sérénissime, soit de MM. les »Maréchaux Ducs de Bellune et de Reggio.

»Vidzoui et Ghloubokoë sont toujours occupés »par des troupes sous mes ordres.

»Le Maréchal Duc de Tarente a évacué Duna-»bourg.

»J'ai l'honneur d'être etc.

»P. S. La 34ème division et 800 hommes de »cavalerie napolitaine sont arrivés à Wilna.«

Sous les N°. 1 et 2, je joins deux dépositions peu importantes, qui me sont arrivées hier d'un émissaire et de l'économe du sous-préfet de Lepel.

Sous le N°. 3, je joins les dépositions d'un soldat lithuanien qui fut pris à Koidanow. Votre Excellence a sûrement connaissance de la malheureuse affaire qui y a eu lieu.

Sous le N°. 4 je joins les dépositions d'un émissaire, que j'avais expédié d'ici le 23 avec le billet pour Monsieur le Maréchal Duc de Reggio, dont j'ai donné copie à votre Excellence, dans ma dépêche du même jour.

'A en juger par les dépositions de cet émissaire qui n'a pas pu percer jusqu'au lieu de sa destination, il paraît que je doive renoncer à l'espérance de faire ma jonction avec les 2ème et 9ème corps sur ce point-ci.

Les affaires ont tellement changé depuis, que je commence à croire que ma position ici ne peut plus être utile ni aux 2ème et 9ème corps, ni pour la grande armée et qu'il faut songer à porter, sans retard, toutes les forces qui peuvent être réunies pour faciliter et rétablir les communications avec Sa Majesté l'Empereur et Roi.

Je me permets donc d'exposer à votre Excellence mon opinion suivante.

Les mouvements de l'armée du général russe Tschitschakow ne laissent plus douter du but de son attaque sur Borisow. Le Prince de Schwarzemberg, s'étant depuis longtemps arrêté dans sa poursuite pour marcher de nouveau sur le corps du général de Saken, il me semble plus qu'urgent que votre Excellence fasse réunir toutes les forces qui se trouvent à Wilna et dans les environs, pour marcher contre le corps du général Tschitschakow et l'attaquer rigoureusement pour le forcer, s'il est possible, de renoncer au projet de faire une jonction complette avec les armées de Kutusow et de Wittgenstein. Je pourrai, de mon côté faire la jonction avec les troupes destinées à cet effet, soit à Dolghinow soit à Vileika. La droite des troupes partant de Wilna, où celles qui se trouvent déja en avant de Smorghoni, pourraient tâcher d'établir une communication avec la gauche du Prince de Schwarzemberg; enfin établissant le principe de rétablir la communication avec la grande armée, si ces troupes se trouvent réunies pour le même but, je pense, que le premier comme le dernier soldat, devant être d'accord sur la nécessité de battre l'ennemi; les résultats ne pourraient manquer d'être heureux.

Votre Excellence peut être couvaincue que MM. les généraux, qui se trouvent momentanément attachés au 6ème corps, sont du même avis; mais il faut qu'on se décide promptement à prendre un parti, pour ne pas perdre de tems dans des circonstances aussi pressantes.

J'expédie Monsieur le major Baron de Gumppenberg, pour remettre la présente à votre Excellence et l'assurer de ma part, que quelque soit le parti sur lequel on conviendra à Wilna, pour agir dans ce moment urgent, je suis prêt d'y contribuer de mon mieux; et dans le cas que votre Excellence, ou Monsieur le gouverneur-général, ou Monsieur le général Comte de Loison, croiriez, que l'opinion que j'ai eu l'honneur de vous soumettre, ne fût pas admissible et que d'après ses lumières, ou d'après les vues du général Comte de Loison, un autre plan lui paraîtrait préférable, je suis également prêt à contribuer à son exécution dans tous ce qui dépendra de moi; mais je conjure votre Excellence, de profiter, sans délai, des forces et des moyens que nous avons, en les réunissant, pour exécuter un mouvement décisif.

J'ai l'honneur d'être avec respect.

signé: Le général en chef
Comte de Wréde.

Le Prince de Neuchatel à Monsieur le général Comte de Wréde.

Zanowki le 28 Novembre 1812.

Monsieur le général de Wréde, l'Empereur ordonne que de Dockschützoui où vous vous trouvez, vous vous rendiez à Vileika, que vous y réunissiez des vivres, que vous assuriez les ponts, que vous envoyiez des partis sur la route d'Ilia et sur la vieille route à Minsk, et que vous communiquiez à Smorghoni avec l'adjudant-commandant Dalbignac.

Le Prince de Neuchatel major-général,
signé : Alexandre.

Faites-moi connaître l'heure à laquelle cet ordre vous sera parvenu.

Le général Comte de Wréde à son Excellence Monsieur le Duc de Bassano, ministre des rélations extérieures de Sa Majesté l'Empereur et Roi.

Dockschützoui le 29 Novembre 1812.

Monsieur le Duc!

Je me félicite de pouvoir enfin donner une nouvelle agréable à votre Excellence en lui communiquant copie d'un ordre que je viens de recevoir de Son Altesse Sérénissime le Prince major-général, par un de mes émissaires que j'avais envoyé du côté de Borisow et de Zembin. Il repart cette nuit pour porter au Prince major-général l'accusé de réception de son ordre et lui annoncer que je marche demain par Boudslaw sur Vileika, point que j'ai eu l'honneur de proposer à votre Excellence, dans ma lettre d'aujourd'hui.

Mon émissaire m'assure qu'il y a eu hier une forte affaire près de Borisow et qu'on a fait 3000 prisonniers. Quelles que soient les nouvelles intéressantes que je pourrai recevoir ou me procurer dans la journée de demain ou d'après-demain, je me ferai une fête de les communiquer à votre Excellence.

En attendant je la prie d'agréer l'assurance du respect avec lequel j'ai l'honneur d'être

signé: Le général en chef
Comte de Wréde.

Le Prince de Neuchâtel au général Comte de Wréde.

Selitsché le 3 Decembre 1812
à une heure du matin.

Monsieur le général de Wréde; je reçois votre lettre du 2; le quartier général sera ce soir à Molodetschno; il se reployera succesivement jusqu'à l'endroit où l'on pourra faire des distributions régulières; l'armée souffre de ses longues privations.

Envoyez-moi l'état de situation de vos troupes et de votre artillerie; si vous pouvez nous envoyer des vivres, pain, bestiaux et sur un des points de la route, ce serait le plus grand service que vous pourriez nous rendre; nous avons un grand nombre d'hommes à pied; faites moi connaitre de quelle arme sont les chevaux non montés que vous avez.

Faites évacuer vos parcs, vos hôpitaux sur Wilna, ainsi que vos parcs de bestiaux et vos magasins.

Faites moi connaitre le lieu où se trouvent les troupes bavaroises et les dix mille recrues partis, il y a plusieurs mois de Munic, afin qu'il soit pris des mesures, pour rallier tout cela sur un point central.

Le Prince de Neuchâtel,
major-général,
signé: Alexandre.

Le Prince de Neuchâtel au général Comte de Wréde.

Molodetschno le 4 Decembre 1812.

Monsieur le général Comte de Wréde; l'Empereur ordonne, que vous marchiez de Vileika sur Narocz et que vous occupiez le pont. Donnez nous de vos nouvelles, comment vous vous établissez et formez vos colonnes, et dites nous où sera votre quartier-général demain et après demain. L'armée ne s'arrêtera plus qu'étant arrivée dans le pays, où la distribution régulière pourra se faire. Le quartier-général impérial sera aujourd'hui à Bunista. Monsieur le Maréchal Duc de Bellune avec l'arrière-garde sera aujourd'hui ici et peut-être demain à Smorghoni.

Le major-général
Prince de Neuchâtel,
signé: Alexandre.

Le Prince de Neuchâtel au général Comte de Wréde.

Smorghoni le 8 Decembre 1812
à 9 heures du soir.

Monsieur le Comte de Wréde; j'ai mis sous les yeux de l'Empereur votre lettre de Narocz du 5 Decembre à midi. Sa Majesté approuve entièrement votre mouvement dans la direction de Slobodka; mais faites votre mouvement le plus lentement que vous pourrez. L'arrière-garde sera demain ici et le quartier-général impérial sera demain à Oszmiana. Envoyez moi de vos nouvelles dans cette ville.

Le Prince de Neuchâtel
major-général

signé: Alexandre.

Le Prince de Neuchâtel au général Comte de Wréde.

Ozmiana le 7 Decembre 1812
à 5 heures du matin.

Monsieur le général de Wréde; je reçois à l'instant votre rapport du 6 Decembre de Slobodka. Sa Majesté approuve ce que vous avez fait. Le Duc de Bellune arrivant ici aujourd'hui et y passant la journée, il est essentiel que vous restiez à Slobodka toute la journée d'aujourd'hui 7.

Le quartier-général sera aujourd'hui à Miedniki et l'arriére-garde demain 8.

Sa Majesté désire donc que vous vous arrêtiez demain 8 à Slob-Choumska, qui est sur la route de Kenno.

Comme vous me rendrez compte ce soir à Miedniki de ce qui se sera passé de votre côté, je vous enverrai de nouveaux ordres.

Le Prince de Neuchâtel
major-général,
signé: Alexandre.

Le Prince de Neuchâtel à Mr. le général Comte de Wréde.

Wilna le 8 Decembre 1812 à 9 heures du soir.

Monsieur le général de Wréde; l'intention de Sa Majesté est, qu'au reçu du présent ordre vous quittiez votre position de Slob-Choumska pour vous rendre à Rukoni, où vous recevrez des ordres du Maréchal Duc d'Elchingen, auquel Sa Majesté confie le commandement de notre arrière-garde. Le Duc d'Elchingen avec les troupes du 2ème et du 3ème corps vous soutiendra. Il est important, que vous soyez rendu le plutôt possible à Rukoni; arrivé là, c'est à votre Excellence qui se trouvera faire notre arrière-garde. Si nous avons encore des traîneurs, vous les protégerez et vous aurez grand soin de vous faire éclairer aussi loin que possible sur votre droite et sur votre gauche. Les troupes du Duc d'Elchingen qui doivent vous soutenir, seront en position à Niésminicza et seront chargées de couvrir la route de Roudomia. Le Prince Vice-Roi et le Prince d'Eckmuhl coucheront cette nuit à Rukoni et en partiront demain matin; le corps du Duc de Bellune est aujourd'hui à Miédniki et doit demain se reployer sur Wilna, en vous laissant le soin de l'arrière-garde. Sa Majesté compte sur vos talents et sur votre zèle dans cette circonstance, où vous allez être à même de rendre de grands services à l'armée.

Le Prince de Neuchâtel major-général,
signé Alexandre.

www.ingramcontent.com/pod-product-compliance
Ingram Content Group UK Ltd.
Pitfield, Milton Keynes, MK11 3LW, UK
UKHW020252250726
13967UKWH00004B/1633

9 782013 492577